Doppel-Klick 6

Differenzierende Ausgabe

Das Arbeitsheft Basis

Erarbeitet von
Grit Adam, Ulrich Deters,
Daniela Donnerberg, Dirk Hergesell,
August-Bernhard Jacobs, Renate Krull,
Melanie Rose, Werner Roose,
Rainer Schremb

Unter Beratung von
Andrea Brambach-Becker und Andrea Hüttig

Inhaltsverzeichnis

Arbeitstechnik

Der Textknacker
Spatzen in der Stadt und auf dem Land.....4
Weiterführendes: Eine Grafik erschließen...8
Stammbaum der Vögel (Ausschnitt)..........8
Das kann ich!..10
Der Spatz – erst verfolgt und dann
„Vogel des Jahres 2002"..........................10

Planen, schreiben, überarbeiten

Einen Gegenstand beschreiben
Eine Uhr beschreiben................................ 12
Das kann ich!.. 13

Einen Vorgang beschreiben
Einen Kartentrick beschreiben..................... 14
Das kann ich!.. 17

Berichten
Über einen Unfall berichten......................... 18
Das kann ich!..21

Stellung nehmen
Behauptungen, Begründungen, Beispiele....22
Das kann ich!..25

Kurze Mitteilungen schreiben
Notizen, E-Mails und SMS schreiben...........26
Das kann ich!..29

Gattungen – Zu Texten schreiben

Aus anderer Sicht erzählen
Der Fund am Straßenrand.........................30
Aus der Sicht einer anderen Figur erzählen...31
Das kann ich!..33

Ein Gedicht erschließen
Wolf Harranth: Drei Finken........................34
Das kann ich!..35

Rechtschreiben

Rechtschreibhilfen
Das Gliedern..36
Das Verlängern...37
Das Ableiten...38
Das kann ich!..39

Wörter bilden und schreiben
Nomen, Verben und Adjektive bilden..........40
Das kann ich!..42

Großschreibung
Nominalisierte Verben mit *das*, *zum*
und *beim*...43
Nominalisierungen mit *-ung*, *-keit* und
-heit...44
Nominalisierte Adjektive mit *etwas*,
nichts und *viel*..44
Das kann ich!..45

Zusammenschreibung, Kleinschreibung
Zusammenschreibung:
Wortverbindungen mit *irgend-*................46
Das Wort *beide(n)*......................................46
Tageszeiten mit *s* am Ende........................47
Das kann ich!..47

Wörter mit *ie* und langem *i*
Die Häufigkeit von *ie* und langem *i*
ermitteln..48
Merkwörter mit langem *i*............................49
Das kann ich!..49

Wörter *ohne h* und *mit h*
Wörter mit langem Vokal *ohne h*................50
Wörter mit langem Vokal *mit h*..................52
Das kann ich!..53

dass-Sätze
Komma vor dass..................54
Das kann ich!..................55

Zeichensetzung
Komma bei Aufzählung..................56
Komma bei Anrede und Ausruf..................57
Komma bei Sätzen mit als, weil oder wenn...58
Das kann ich!..................59

Grammatik

Wortart: Nomen
Nomen und Artikel..................60
Zusammengesetzte Nomen..................61

Wortart: Adjektiv
Steigerungsformen..................62

Die vier Fälle
Artikel, Nomen und Adjektive..................63
Vier Tiere für alle Fälle
   Die Bremer Stadtmusikanten – Teil 1.......66
Das kann ich!..................67
   Die Bremer Stadtmusikanten – Teil 2.......67

Wortart: Verb
Zeitformen der Verben:
   Präsens, Präteritum, Perfekt und Futur....68
Das kann ich!..................73
Trennbare Verben..................74
Das kann ich!..................75

Wortart: Pronomen
Personalpronomen..................76
Das kann ich!..................77
Possessivpronomen..................78
Das kann ich!..................79

Der Satz: Satzglieder
Satzglieder umstellen..................80
Satzglieder bestimmen..................81
Adverbiale Bestimmungen
   des Ortes und der Zeit..................83
Das kann ich!..................85

Der Kompetenztest
Das kann ich! –
   Texte lesen und verstehen..................86
   Tiere im Winter..................86
   Rechtschreiben..................89
   Grammatik..................90
   Berichten..................92
   Texte überarbeiten, Stellung nehmen....93

Wissenswertes auf einen Blick..................94

[Z] Hier findest du zusätzliche Aufgaben zum Weiterarbeiten.

Der Textknacker

Der Sachtext informiert über Spatzen.
Mit dem Textknacker knackst du den Text.

➤ Wissenswertes auf einen Blick, Umschlagklappe vorn

1. **Bilder erzählen dir viel**, schon bevor du mit dem Lesen anfängst.

1 a. Sieh dir das Bild genau an.
b. Was ist auf dem Bild zu sehen? Beschreibe das Foto in ganzen Sätzen. Die Wörter am Rand helfen dir.

Auf dem Bild sind _____

_____

_____

_____

… zu sehen
sie sitzen/hocken …
auf der Stuhllehne
Straßencafé
keine Angst
Menschen
picken

Das Foto gehört zu einem Text mit der folgenden Überschrift:

Spatzen in der Stadt und auf dem Land

2. Die **Überschrift** verrät dir etwas über das **Thema des Textes**.

2 a. Lies die Überschrift des Textes.
b. Worum geht es vermutlich in dem Text? Kreuze an.

☐ **A** In dem Text geht es um Spatzen, wie sie Krümel picken.

☐ **B** Der Text erzählt eine spannende Geschichte von Spatzen.

☐ **C** Der Text informiert mich über Spatzen.

3 Warum hast du dich so entschieden?
Begründe deine Entscheidung in einem Satz.
Du kannst die Wortgruppen vom Rand benutzen.

Ich habe mich für die Möglichkeit _____ entschieden, *weil* _____

_____

_____.

… in der Überschrift vorkommt …
… spannend klingt
… in einem Sachbuch stehen könnte

4 Arbeitstechnik: Der Textknacker

4 Lies zuerst den ganzen Text. Du findest ihn auf gelbem Hintergrund auf den folgenden Seiten. Fange danach mit Aufgabe 5 an.

Spatzen in der Stadt und auf dem Land

1 _____

Spatzen gehören zu den bekanntesten Vögeln. Eigentlich heißen sie Sperlinge, Spatzen werden sie im Volksmund[1] genannt.
Schon vor 1000 Jahren kannte man Sperlinge, genannt „spar" mit der Verkleinerungsform „-ling". In Deutschland kennen
5 wir den Haussperling, den Feldsperling und den Schneefink.
Auf der ganzen Welt gibt es 36 Sperlingsarten. Sperlinge gehören zu den Singvögeln, auch wenn ihr Singen eher ein Tschilpen ist.

5 Überlege dir eine Überschrift für den ersten Absatz.
Du kannst die Wörter vom Rand verwenden.
Schreibe auf die Linie über dem Absatz.

> Textknacker Schritt 3:
> Einen **Gesamteindruck** vom Inhalt des Textes bekommst du, wenn du ihn einmal **als Ganzes liest**.

Sperling, verschieden, Singvögel, Name

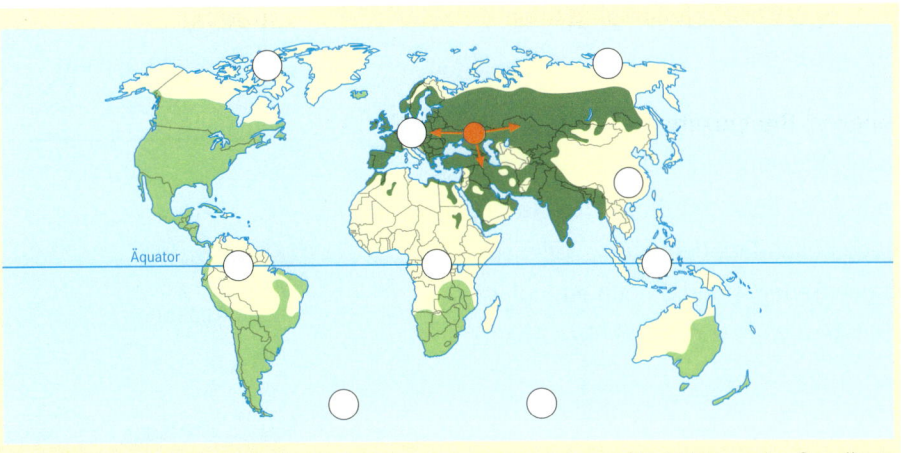

Verbreitung der Sperlinge

2 _____

Ursprünglich sind die Sperlinge wohl zusammen mit den Menschen aus Westasien nach Europa gekommen (1). Sie haben sich dann
10 fast auf der ganzen Welt verbreitet. Sie haben sich sowohl dem Wüstenklima angepasst als auch Minustemperaturen. Nur in einigen Regionen Südostasiens (2), wenigen Gegenden am Äquator (3) und rund um die Pole (4) findet man sie nicht.

> Textknacker Schritt 4:
> **Absätze** gliedern den Text. Was in einem Absatz zusammensteht, gehört inhaltlich zusammen. Manchmal stehen auch **Zwischenüberschriften** über den Absätzen.

6 Schreibe eine passende Überschrift über den zweiten Absatz.
Du kannst die Wörter vom Rand verwenden.

7 Woher kommen die Sperlinge ursprünglich?
Wo leben Sperlinge und wo leben sie nicht?
   a. Sieh dir die Karte an und lies dazu noch einmal den zweiten Absatz.
   b. Trage die Zahlen 1, 2, 3 und 4 aus dem Text in die Karte ein.
     Tipp: Die Zahlen 3 und 4 kannst du mehrfach eintragen.

fast überall, Vorkommen, Verbreitung, Welt

[1] im Volksmund: in der Alltagssprache, in der Umgangssprache.

Arbeitstechnik: Der Textknacker

Haussperling Männchen   Haussperling Weibchen   Haussperling Junges

3 _____

Hausspatzen sind ca. 14 bis 16 cm lang. Sie wiegen 25 bis 40 Gramm. Männchen und Weibchen unterscheiden sich: Die **Männchen**
mit ihrer **schwarzen Kehle**, der **dunklen Kopfplatte** und
einem **schwarzen Streifen auf dem braunen Rücken** haben
eine kräftigere Zeichnung als die **Weibchen**, die insgesamt
eher **bräunlich mit einer hellen Unterseite** sind. Die **Jungen**
ähneln den Weibchen, haben aber noch **gelbe Schnabelränder**.
Während der Zeit der Mauser² (August bis Oktober) sind auch
die Männchen nicht so deutlich gezeichnet.

> Textknacker Schritt 5:
> **Manche Wörter**
> sind zum Verstehen
> **besonders wichtig**,
> sie sind
> **Schlüsselwörter**.
> Oft sind sie
> unterstrichen, fett
> gedruckt oder farbig –
> so wie in diesem
> Arbeitsheft.

8 Wie kannst du Männchen, Weibchen und Junge unterscheiden?
   a. Markiere im Text die unterschiedlichen Merkmale der Spatzen.
   b. Male die Zeichnungen oben auf der Seite mit Buntstiften farbig aus.
      Mache dabei die Unterschiede besonders deutlich.
      Tipp: Sieh dir die Fotos auf den Seiten 4 und 5 noch einmal an.
   c. Schreibe eine Überschrift mit dem Wort vom Rand über Absatz 3.

das Aussehen

4 _____

Die Form des kräftigen Schnabels weist schon auf die Nahrung hin: Körner
und Samen von Gräsern, Getreide und Früchten.
Im engen Zusammenleben mit dem Menschen hat sich der Spatz
als anpassungsfähiger Allesfresser entwickelt. Die Jungen allerdings brauchen eiweißreiche Nahrung zum Aufwachsen – Insekten,
Raupen und Blattläuse. Ein Spatzenjunges benötigt zum Überleben pro Tag
etwa 500 Insekten. Füttern Menschen an Spatzenjunge ausschließlich Brot-
krumen, kann das zu ihrem Tod führen.

9 **a.** Schreibe eine passende Überschrift über den vierten Absatz.
    b. Suche mit den Fragen vom Rand nach Schlüsselwörtern,
       die zu deiner Überschrift passen. Markiere die Schlüsselwörter.

Z 10 Wie viele Insekten müssen Spatzeneltern für ein Nest mit sechs Jungen täglich fangen? Ergänze den folgenden Satz.

Für sechs Junge müssen die Eltern _____ .

Was? Wie viel?
Woran erkennt man?
Wofür?

² die Mauser: der Federwechsel bei Vögeln. Der Federwechsel ist nötig,
weil sich die Federn mit der Zeit abnutzen.

5

Hausspatzen sind gesellige Vögel und leben zur Brutzeit in Kolonien[3], außerhalb der Brutzeit in Trupps[4] oder Schwärmen[5]. Innerhalb einer Spatzenkolonie entscheidet der größte und dunkelste Brustlatz, welcher Vogel den höchsten Rang einnimmt. Spatzen lieben gemeinsame Staub- und Wasserbäder, die der Gefiederpflege dienen.

11 Manchmal werden schwierige Wörter unten auf der Seite erklärt.
  a. Welche Wörter werden auf den Seiten 5, 6 und 7 jeweils unten erklärt? Markiere die erklärten Wörter im Text. Schreibe die Wörter mit ihren Erklärungen in dein Heft.
  b. Die Fußnote 5 ist sehr ausführlich. Nenne Vorteile, die das Leben im Schwarm für die Tiere hat.
  c. Erkläre den Unterschied zwischen einem Schwarm und einer Kolonie.

> **Starthilfe**
> Seite 5 im Volksmund: in der Alltagssprache, in der Umgangssprache. ...

> **Starthilfe**
> Ein Schwarm hat folgende Vorteile ...

> **Starthilfe**
> In einer Kolonie ...

> **Textknacker Schritt 6:**
> Manche **Wörter** werden **erklärt**: Sieh am **Rand** oder **unter dem Text** nach.

> **Textknacker Schritt 7:**
> Manchmal gibt es weitere **Bilder am Rand**. Sie helfen dir, den Text zu verstehen.

6

Haussperlinge fühlen sich dort sehr wohl, wo sie geeignete Nist- und Brutplätze finden. Kolonien findet man in Hecken oder dichten Bäumen. Nester werden auch gerne in Spalten von Gebäuden, unter Dächern oder in Büschen gebaut. Selbst in Straßenlaternen oder Storchennestern hat man schon Spatzen als Untermieter gefunden, sogar in lauten Fabrikhallen.

12 Welche Wörter hast du noch nicht verstanden?
  a. Lies den ganzen Text auf den Seiten 5 bis 7 noch einmal.
  b. Markiere die Wörter, die du noch nicht verstanden hast.
  c. Schlage diese Wörter im Lexikon nach und schreibe sie mit ihren Erklärungen in dein Heft.

13 a. Über den Absätzen auf dieser Seite fehlen noch die Überschriften. Ergänze eigene Überschriften mit den Wörtern vom Rand.
  b. Auf dieser Seite sind noch keine Schlüsselwörter hervorgehoben. Markiere Schlüsselwörter, die zu deinen Überschriften passen.
  Tipp: Mit Fragewörtern findest du die Schlüsselwörter leichter.

> **Textknacker Schritt 8:**
> Suche Wörter, die du nicht verstanden hast, im **Lexikon** – aber erst am Schluss.

> Nist- und Brutplätze, das Zusammenleben

---

[3] die Kolonie: hier: sehr viele Tiere einer Art, die auf engem Raum zusammenleben.
[4] der Trupp: hier: eine kleinere Gruppe von Tieren einer Art.
[5] der Schwarm: eine größere Gruppe von Vögeln oder Fischen, die gemeinsam auf Nahrungssuche unterwegs sind. Im Schwarm haben die Tiere Vorteile bei der Nahrungssuche und bei der Verteidigung gegen Feinde.

Arbeitstechnik: Der Textknacker

Z Weiterführendes: Eine Grafik erschließen

Biologen ordnen alle Tiere in einen Stammbaum ein.
Einen Ausschnitt aus dem Stammbaum findest du in dieser Grafik.

Stamm	Wirbeltiere			
Klasse	Vögel			
Unterklasse	Urkiefervögel	Neukiefervögel		
Ordnung	Laufvögel	Greifvögel	Kuckucksvögel	Sperlingsvögel
Unterordnung				Singvögel
Familien	z. B. Straußenvögel, Emus, Kiwis, Nandus	Fischadler, Falkenartige, Habichtartige, Sekretäre	Kuckucke	z. B. Paradiesvögel, Rabenvögel, Meisen, Pirole, Schwalben, Lerchen, Stare, Sperlinge, Zaunkönige, Drosseln

der Seeadler

der Strauß

der Kuckuck

die Drossel

1 a. Sieh dir die Vögel aus der Randspalte an.
  b. Welcher Vogel gehört zu welcher Ordnung im Stammbaum?
  Schreibe die Nummern der Bilder in die passenden Kreise.

2 a. Zu welcher Familie gehört der Haussperling oder Hausspatz?
  Markiere diese Familie im Stammbaum.
  Tipp: Lies den ersten Absatz des Textes auf Seite 5 noch einmal.
  b. Markiere in allen „Etagen" des Stammbaums die Gruppen,
  zu denen die Haussperlinge gehören.

3 a. Male nur den Stammbaum der Haussperlinge in der Grafik farbig aus.
  b. Ergänze die folgenden Sätze so, dass sie zu dem Stammbaum passen.

Der Haussperling oder Hausspatz gehört zu der Familie der _____,

zu der Unterordnung der _____ und zu der Ordnung

der _____. Im Stamm der _____

gehört die _____ der Sperlingsvögel zu der Unterklasse

der _____ und damit zu der Klasse

der _____.

4 Ordne die folgenden Singvogelfamilien nach dem Alphabet.
Achtung! Drei Wörter gehören nicht dazu. Streiche sie zuerst durch.

> Meisen, Lerchen, Zugvögel, Schwalben, Brillenvögel, Zaunkönige, Kleiber, Goldhähnchen, Seidenschwänze, Alligatoren, Stare, Drosseln, Nektarvögel, Sperlinge, Libellen, Finken, Ammern, Kardinäle

Ammern, _____

_____

_____

der Rotkardinal

5 Ordne auch die Sperlingsarten nach dem Alphabet.

> Afghanen-Schneefink, Haussperling, Italiensperling, Weidensperling, Dschungelsperling, Somalisperling, Rötelsperling, Gelbbauchsperling, Moabsperling, Kapverdensperling, Keniasperling, Kapsperling, Feldsperling, Papageischnabelsperling, Suahelisperling, Wüstensperling, Sahel-Steinsperling, Jemen-Goldsperling, Schneefink, Tibet-Schneefink

Afghanen-Schneefink, _____

_____

_____

_____

_____

_____

der Feldsperling

6 Markiere unter Aufgabe 5 die drei Sperlingsarten, die es in Deutschland gibt.
Tipp: Lies im Text auf den Seiten 5 bis 7 nach.

Die Grafik zeigt nicht alle Unterklassen, Ordnungen und Familien.

der Keniasperling

Z 7 Beantworte die Fragen mit Hilfe von Fachbüchern oder dem Internet. Schreibe in dein Heft.
 a) Wie viele Ordnungen gibt es in der Klasse der Vögel? Nenne die Zahl und schreibe die Namen von fünf weiteren Ordnungen auf.
 b) Eine Unterordnung der Sperlingsvögel sind die Singvögel. Wie heißen die beiden anderen Unterordnungen der Sperlingsvögel?
 c) Wie viele **Arten** gibt es in der Ordnung der Sperlingsvögel?

der Schneefink

Arbeitstechnik: Der Textknacker

Das kann ich! – Texte lesen und verstehen

1 Wende die Schritte des Textknackers selbstständig auf den Text an.
Die Arbeitstechnik „Der Textknacker" findest du vorne in der Klappe.

Der Spatz – erst verfolgt und dann „Vogel des Jahres 2002"

1 Der Haussperling ist 2008 der häufigste Vogel Deutschlands.
Den Rekord in Großstädten hält er in Berlin, an zweiter Stelle in
Hamburg, München und in Städten in Nordrhein-Westfalen. Dennoch
ist der Bestand seit der Mitte des vorigen Jahrhunderts nicht nur
5 in Deutschland zurückgegangen, auch in London, Paris, Warschau
und Großstädten anderer Länder in Europa.

2 Die Gründe dafür sind vielfältig. Haussperlinge finden in Städten
mit glatten Fassaden oft keine geeigneten Nist- und Brutplätze mehr
wie früher. Parks in Städten sind schön für Menschen, sie bieten
10 aber oft weder die Nahrungsvielfalt an Pflanzen und deren Samen,
die Spatzen für ihre Ernährung brauchen, noch die Insekten, um
ihre Jungen aufzuziehen. Mit Beton versiegelte Plätze erlauben
den Spatzen keine Staubbäder, um ihr Gefieder zu pflegen.

3 Auf dem Land wird Tierhaltung immer mehr technisiert. Hühner
15 werden zum Beispiel immer mehr in geschlossenen „Fabriken"
gezüchtet, sodass Feldsperlinge nicht mehr an deren Körnerfutter teilhaben können. Gifteinsatz gegen Schädlinge auf den Feldern
führt zu Insektenarmut, wodurch Spatzenjunge oft verhungern.
Die Lebensbedingungen für den Spatz werden immer ungünstiger.

4 20 Das war vor etwa 250 Jahren schon einmal so. König Friedrich
der Große ärgerte sich über die Spatzen, die das Getreide auf den
Feldern fraßen, und ließ eine Prämie für jeden getöteten Spatz
aussetzen. Bald gab es weniger Spatzen, allerdings vermehrten
sich die Insekten umso mehr, sodass der König die Prämie für
25 tote Spatzen wieder abschaffte. Auch in der Mitte des vorigen
Jahrhunderts wurde der Spatz verfolgt und mit Giftweizen vergiftet,
weil man um den Bestand anderer Singvögel in den Städten und
den Ertrag der Getreideernte auf dem Land fürchtete.

5 Im Jahr 2002 wurde der Spatz vom NaBu zum **Vogel des Jahres**
30 erklärt.

Info

Naturschutzbund Deutschland
Der NaBu (und der LBV – Landesbund für Vogelschutz in Bayern) wählt seit 1971 zum Vogel des Jahres einen Vogel, dessen Art durch Veränderungen seines Lebensraumes durch den Menschen gefährdet ist.

Lies den Text genau, dann kannst du die Aufgaben richtig lösen.

2 a. Markiere Schlüsselwörter in jedem Absatz.
b. Schreibe für jeden Absatz eine Überschrift auf die Linien.

1 _____
2 _____
3 _____
4 _____
5 _____

/ 10 Punkte
/ 10 Punkte

3 Welches Wort oder welche Wortgruppe passt nicht? Streiche.
– *König Friedrich der Große / Kaiser Friedrich der Große* ließ eine Prämie auf jeden getöteten Spatz aussetzen.
– Im Jahre *2002 / 2008* wurde der Spatz zum Vogel des Jahres erklärt.
– Spatzen finden in Parks *eine Vielfalt / keine Vielfalt* an Samen.

So ging es den Spatzen zur Zeit Friedrichs des Großen.

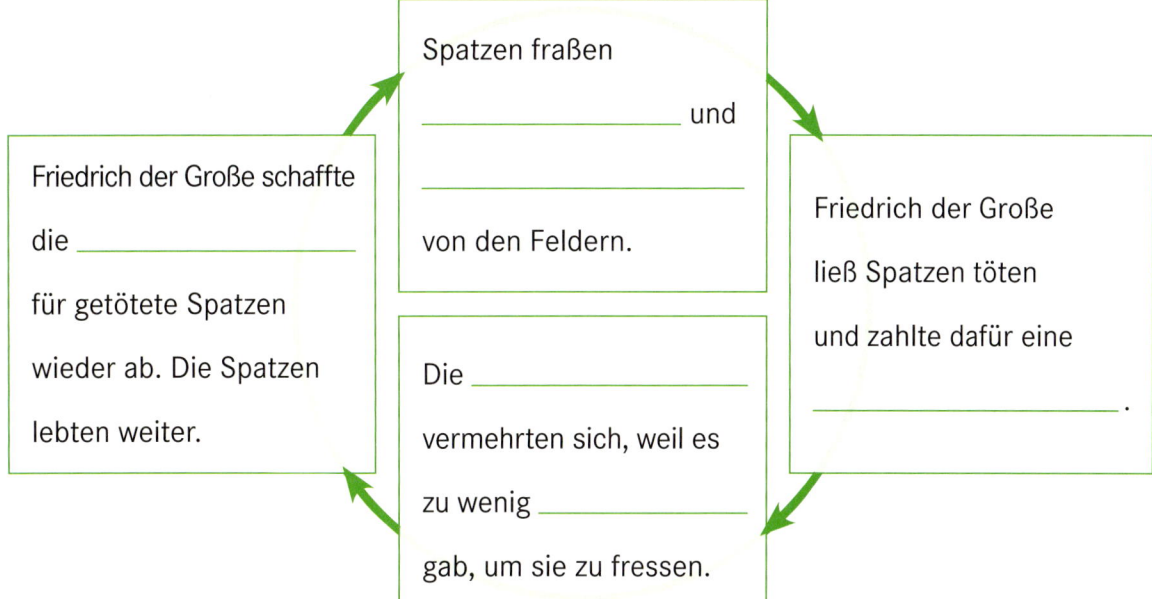

So geht es den Spatzen heute.

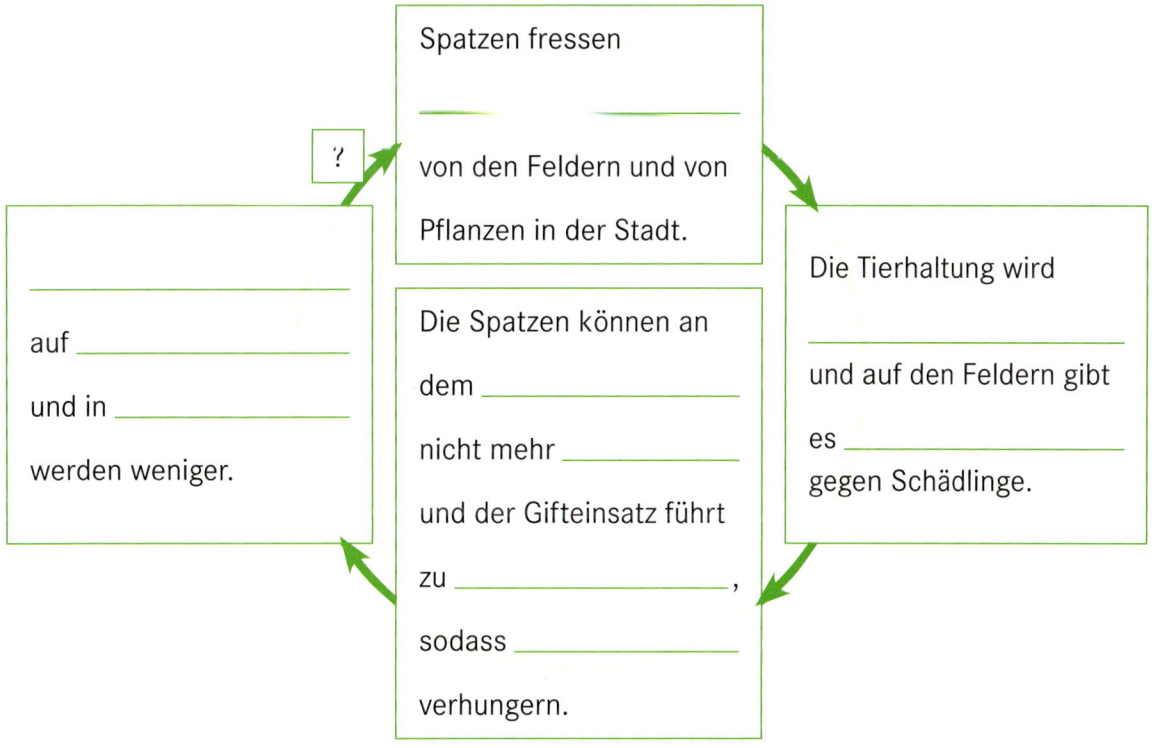

4 Ergänze die Kreisdiagramme mit Schlüsselwörtern aus dem Text.

5 Was könnten Menschen tun, damit es Spatzen wieder leichter haben? Was würdest du in das Kästchen mit dem Fragezeichen schreiben? Schreibe deine Ideen in ganzen Sätzen in dein Heft und begründe sie.

Arbeitstechnik: Der Textknacker

Einen Gegenstand beschreiben

Jana gibt etwas beim Hausmeister ab. Der notiert eine Kurzbeschreibung und lässt Jana unterschreiben.

1 Notiere eine Kurzbeschreibung der Uhr in Stichworten.

Gefunden 12. Mai 2010: _____

_____

_____

_____

_____

Jana Reinhard

Im Juni vermisst Ulrich plötzlich seine Sportuhr. Vielleicht hat er sie beim Sportunterricht vergessen. Er fragt den Hausmeister. Der braucht aber eine genaue Beschreibung der Uhr, denn in seinem Büro liegen 25 Stück.

➤ Wissenswertes auf einen Blick, Umschlagseite vorn

2 a. Beschrifte die Teile der Uhr mit den passenden Nummern aus der folgenden Liste.

b. Notiere zu jedem Teil Stichworte für eine genaue Beschreibung. Benenne **Material**, **Farbe**, **Form**, **Position** und **Besonderheiten** jedes Teils so genau wie möglich. Du kannst die Wörter vom Rand verwenden.

① Armband: _____

② Gehäuse: _____

③ großes Zifferblatt: _____

_____

④ Stundenzeiger: _____

⑤ Minutenzeiger: _____

⑥ Sekundenzeiger: _____

⑦ drei kleine Zifferblätter: _____

_____

_____

⑧ Datumsanzeige: _____

⑨ Firmenlogo: _____

⑩ Einstellknöpfe: _____

Farben: schwarz, weiß, silberfarbig, rot, grau, leuchtend

Formen: groß, klein, rund, spitz, dünn, kurz, lang, mit Pfeilspitze

Materialien: aus Glas, aus Metall, aus Leder

Position: rechter Gehäuserand, in der Mitte, rechts neben, links neben, oberhalb, unterhalb, zwischen der Vier und der Fünf, in der unteren Hälfte des Zifferblattes

Sonstiges: Drehknopf, Druckknöpfe, 12-Stunden-Anzeige, die Ziffern 1 bis 11, die Ziffer 12

3 Vervollständige und überarbeite Ulrichs Beschreibung in deinem Heft.
- Beschreibe genau. Nutze deine Stichworte aus Aufgabe 2.
- Verwende abwechslungsreiche Verben. Ersetze dazu die Wörter **ist**, **sind** und **hat** an passenden Stellen mit den Verbformen vom Rand.
Tipp: Deine Gegenstandsbeschreibung sollte im Präsens stehen.

Meine ▇

Das ▇ Armband meiner Sportuhr *ist* aus ▇. Das ▇ Gehäuse *ist* aus ▇ und ▇. Das große, ▇ Zifferblatt *hat* eine ▇. Die Zahlen 1 bis 11 sind ▇ und die 12 ist ▇. Das Zifferblatt *hat* drei ▇. Der Stundenzeiger *ist* ▇ als die beiden anderen. Der ▇ und
5 der ▇ *sind* gleich groß, wobei der ▇ dünner *ist* und eine ▇ *hat*. In der ▇ des Zifferblattes *sind* drei ▇ Zifferblätter, um Sekunden, Minuten und Stunden zu stoppen. Eines *ist* ▇ der 3, eines *ist* ▇ der 9 und eines *ist* ▇ der 6. Eine Datumsanzeige *ist* zwischen ▇. ▇ der 12 *ist* übrigens das Firmenlogo ▇.
10 Am rechten ▇ der Uhr *sind* drei ▇. Der mittlere *ist* ▇ zum Einstellen der Uhrzeit. Oberhalb und ▇ von diesem Knopf *sind* ▇ ▇ Druckknöpfe für die Stoppfunktionen.

> befindet sich/ befinden sich
> liegt/liegen
> trägt/ tragen
> sitzt/sitzen
> steht/stehen
> sieht man
> dazu gehört
> gibt es
> erkennt man
> findet man
> besteht aus/ bestehen aus

Das kann ich! – Einen Gegenstand beschreiben

1 Mit welchen Verbformen kannst du die Wörter **hat** und **ist** in einer Beschreibung ersetzen? Schreibe fünf Beispiele auf.

_____

Punkte

▢ /5 Punkte

2 Ersetze die drei Wörter durch Fachwörter zur Beschreibung einer Uhr.

Rahmen   Schalter   Anzeige

_____   _____   _____

▢ /3 Punkte

Die Beschreibung von Sonjas Uhr kannst du verbessern:

Der Rand ist dunkel, aus Stahl und hat eine verkehrte Form. Auch die Schnalle ist genau verkehrt, aber das ist Absicht. Der Einstellknopf ist nämlich auch nicht da, wo er sonst ist. Und der Verschluss ist fast größer als die Uhr. Die Uhr hat drei Zeiger und das Zifferblatt ist einfach weiß mit Ziffern aus Metall wie der Rand. Trotzdem fällt die Uhr total auf.

3 Überarbeite die Beschreibung in deinem Heft.
- Beschreibe so genau wie möglich.
- Verwende auch andere Verbformen als **hat** und **ist**.
- Schreibe in ganzen Sätzen und im Präsens.

Achtung: Für jede wichtige Information, die in deiner Beschreibung fehlt, gibt es einen Punkt Abzug.

▢ /17 Punkte

Gesamtpunktzahl: ▢ /25 Punkte

Einen Vorgang beschreiben

Ein Zauberer hat der Klasse 6b einige Tricks gezeigt und erklärt. Die Klasse will darüber ein Zauberbuch schreiben. Kathrin hat den Trick mit roten und schwarzen Karten gewählt. Für diesen Trick benötigt man präparierte oder „gezinkte" Karten.

➤ Eine Anleitung schreiben: Wissenswertes auf einen Blick, Umschlagseite vorn

1 Beschreibe zuerst das Material, das man für den Trick benötigt.
Ergänze die Lücken mit Hilfe des Bildes.
Denke bei den Aufzählungen an die Kommas.

Material:
Aus einem Kartenspiel benötigt man die Karokarten _____

_____ und die Kreuzkarten _____ .

Außerdem benötigt man _____

_____ und ein transparentes _____ .

2 Bringe Kathrins Notizen zum Ablauf der Vorbereitung in die richtige Reihenfolge.
Nummeriere die Notizen mit Hilfe der Fotos.

☐ Die Kreuzkarten 7, 8, 9 und 10 entlang der Linie zerschneiden. Das Ass bleibt ganz.

☐ Die ausgewählte Hälfte der Kreuzkarten auf der Rückseite mit Klebstoff bestreichen und auf die obere Hälfte der Karokarten kleben.

☐ Die obere Hälfte der Kreuzkarten probeweise auf die untere Hälfte der Karokarten legen.

☐ Die präparierten Karten 7, 8, 9 und 10 so auffächern, dass nur die Karoseite zu sehen ist. Das Karo-Ass obenauf legen, sodass die Kreuz-10 nicht zu sehen ist.

☐ Mit Lineal und Bleistift auf den Kreuzkarten 7, 8, 9 und 10 eine diagonale Linie ziehen. Zu beachten: Die Linien beginnen und enden jeweils auf der langen Kartenseite ober- beziehungsweise unterhalb der Zahl.

☐ Das Kreuz-Ass unter die Karo-7 schieben. Das Kreuz-Ass darf nicht mehr sichtbar sein.

Planen, schreiben, überarbeiten: Einen Vorgang beschreiben

Kathrin probiert die Vorbereitung mit Hilfe ihrer Notizen aus. Das Ergebnis ist enttäuschend. Ganz gleich, wie sie die Karten dreht – sie kann den Trick damit nicht durchführen.

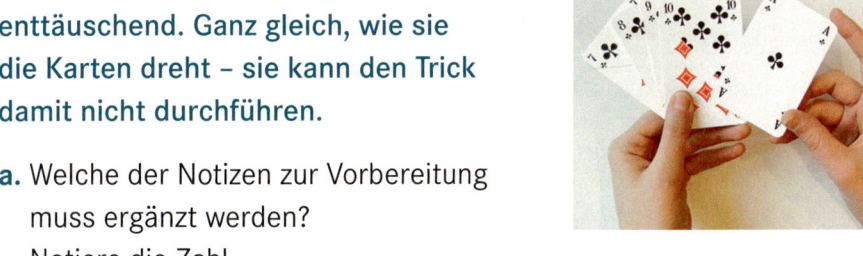

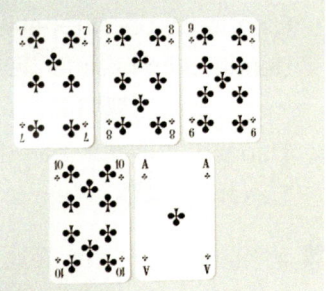

3 **a.** Welche der Notizen zur Vorbereitung muss ergänzt werden?
Notiere die Zahl.

b. Vervollständige die folgende Ergänzung Schreibe in dein Heft.

Ergänzung zu Notiz _____ : Es gibt beim ▇ noch etwas zu beachten. Die ▇ müssen bei allen Karten an der ▇ beginnen, z. B. unten ▇. Dabei ist es günstig, wenn alle Karten die gleiche Seite unten haben (nur bei der Karte 10 und beim Karo-Ass sind beide Seiten gleich).

So hat der Zauberer der Klasse die Durchführung des Tricks gezeigt:

4 **a.** Nummeriere die Fotos in der richtigen Reihenfolge mit den Zahlen 7–12.
b. Ordne die folgenden Notizen von Kathrin den passenden Fotos zu.

| 7 | Man zeigt den Zuschauern die roten Karten (Karo) als Fächer.

| ☐ | Danach schiebt man die Karten zusammen.

| ☐ | Hinter dem Rücken legt man das schwarze Ass nach vorne.

| ☐ | Hinter dem Rücken dreht man den Stapel um 180 Grad.

| ☐ | Man fächert die Karten vorsichtig wieder auf und achtet darauf, dass die Schnittstellen und das rote Ass nicht sichtbar sind.

| ☐ | Jetzt zeigt man den Zuschauern den Fächer mit schwarzen Karten (Kreuz).

Planen, schreiben, überarbeiten: Einen Vorgang beschreiben

Kathrin probiert den Trick mit Hilfe ihrer Notizen, aber das Ergebnis ist enttäuschend. Sie ruft den Zauberer an und bittet um Rat.

5 Was passiert hinter dem Rücken?
   a. Lies den Rat des Zauberers.
   b. Ergänze die Beschreibung zu den Bildern 9 und 10. Schreibe in dein Heft.

> Rat des Zauberers:
> So weit bist du schon? Das ist schon sehr gut. Du hast nur vergessen, den Stapel hinter dem Rücken um 180 Grad zu drehen. Nimm den Stapel kurz in die andere Hand und greife mit der ersten Hand einmal um. Das ist alles – nur muss es schnell gehen. Das solltest du besonders oft üben.

Man muss den Stapel kurz ▮ den Rücken nehmen. Dort legt man zuerst ▮ mit der anderen Hand von hinten nach ▮. Danach übergibt man den Stapel in ▮ und ▮ ihn dabei um ▮. Das muss ▮ gehen und deshalb sollte man es ▮.

6 a. Markiere in den Texten der Aufgaben 4 und 5 die **man-Form**. Markiere immer das Wort **man** und das Verb im Präsens dazu.
   b. Schreibe die Vorbereitung in der **man-Form** in dein Heft.

> **Starthilfe**
>
> **Vorbereitung**
> Mit Lineal und Bleistift zieht man auf den Kreuzkarten 7, 8, 9 und 10 eine diagonale Linie. Dabei muss man zwei Dinge beachten: 1. Die Linien müssen jeweils auf der langen Kartenseite ober- beziehungsweise unterhalb der Zahl beginnen und enden.
> 2. Die Linien müssen auf allen Karten an der gleichen Ecke …

7 Die Vorgangsbeschreibung soll im Präsens stehen.
   Markiere drei Fehler. Schreibe die richtigen Zeitformen an den Rand.

Man nimmt aus einem Kartenspiel die Kreuzkarten 7, 8, 9, 10. Zuerst hat man sie diagonal durchgeschnitten, am besten oberhalb und unterhalb der Zahlen. Die halben Kreuzkarten hat man danach mit Klebstoff auf den Karokarten befestigt. Mit den vier präparierten Karten hat man schnell einen Fächer gebildet. Jetzt legt man das Karo-Ass oben auf den Fächer. …

schneidet man… durch
_____
_____

8 a. Schreibe die vollständige Anleitung für den Trick (**Material**, **Vorbereitung** und **Durchführung**) in ganzen Sätzen in dein Heft.
     – Verwende die **man-Form**.
     – Schreibe im **Präsens**.
     – Verwende abwechslungsreiche **Satzanfänge**.
   b. Ergänze eine passende **Überschrift**.
   c. Überprüfe deine fertige Anleitung mit der folgenden Checkliste.

> **Starthilfe**
>
> **Material**
> Aus einem Kartenspiel benötigt man die Karokarten 7, 8, 9, 10, Ass und …

ja	nein	Checkliste für eine Anleitung (Zaubertrick)
☐	☐	Habe ich alle **Materialien** genau benannt?
☐	☐	Habe ich **alle Schritte** in der richtigen **Reihenfolge** beschrieben?
☐	☐	Habe ich das **Präsens** verwendet?
☐	☐	Habe ich die **man-Form** (oder **werden + Verb**) verwendet?
☐	☐	Habe ich abwechslungsreiche **Satzanfänge** geschrieben?

Das kann ich! – Einen Vorgang beschreiben

Material: Für diesen Trick benötigte man ein altes Kartenspiel. Aus dem Spiel nimmst du die Kreuzkarten 7, 8, 9, 10 und das Ass. Außerdem brauchte man eine Schere, Klebstoff, einen Bleistift und ein Lineal.

Vorbereitung: Zunächst nimmt man die Karten 7, 8, 9 und 10 von Kreuz. Die halben Kreuzkarten klebt man danach auf die passenden Karokarten 7, 8, 9 und 10. Jetzt kann man die vier veränderten Karten als Fächer in der Hand halten. Mit dem Lineal zeichnet man eine Linie schräg von links unten nach rechts oben und halbiert die Spielkarten mit der Schere. Als oberste Karte hast du Karo-Ass auf den Fächer gelegt. Das Kreuz-Ass versteckt man so unter der Karo-7, dass es nicht sichtbar ist. Wenn alles richtig war, sah es aus, als ob man nur die Karokarten Ass, 10, 9, 8 und 7 in der Hand hielt.

Durchführung: Nun kann man den Zuschauern die roten Karten wie einen Fächer zeigen und dann zu einem Stapel zusammenschieben. Dann dreht man die Karten um und nimmt sie kurz hinter den Rücken und schiebt das Kreuz-Ass auf das Karo-Ass. Dann holt man die Karten wieder hervor und fächert die Karten vorsichtig auf. Dann zeigt man die Karten und die Zuschauer sehen zu ihrer Überraschung lauter Kreuzkarten. Damit der Trick gut funktioniert, sollte man ihn mehrmals üben.

1 a. Lies die Beschreibung des Kartentricks von Martin.
b. Was hat er bei der Auflistung des Materials vergessen? /2 Punkte

2 a. Ein Arbeitsschritt steht an falscher Stelle. Kreise den Satz ein.
b. Wohin gehört der Satz? Zeichne einen Pfeil an den Rand. /2 Punkte

3 a. Prüfe die Zeitformen der Verben. Streiche falsche Verbformen durch.
b. Schreibe die richtigen Verbformen an den Rand. /4 Punkte

4 Dreimal wiederholt sich ein Satzanfang und eine Wortgruppe.
a. Markiere die Sätze und streiche den Satzanfang zweimal durch. Schreibe andere Satzanfänge dafür an den Rand. /3 Punkte
b. Ersetze bei zwei Sätzen die sich wiederholende Wortgruppe. Verwende andere Wörter. Schreibe die Sätze in dein Heft. /4 Punkte

5 Wird in dem Text immer die **man-Form** verwendet? Prüfe.
a. Markiere Stellen mit einer abweichenden sprachlichen Form.
b. Schreibe diese Sätze in der **man-Form** in dein Heft. /4 Punkte

6 So funktioniert die Durchführung nicht. Welcher wichtige Schritt fehlt? Schreibe den fehlenden Schritt in dein Heft. /2 Punkte

7 Schreibe die überarbeitete Beschreibung vollständig auf. Ergänze dabei eine Überschrift. /14 Punkte

Gesamtpunktzahl: /35 Punkte

Berichten

Über einen Unfall berichten

➤ Wissenswertes auf einen Blick, Umschlagklappe hinten

Im Zoo gab es am 12. Mai 2010 einen Unfall. Der Tierpfleger Herr Schmitz muss darüber einen Bericht schreiben.

1 Was ist passiert? Betrachte zuerst die drei Bilder am Rand.

Eine Zoobesucherin beschreibt, was sie gesehen hat.

Frau Alba: „Also, ich stand ja direkt am Robbengehege, als es passiert ist. Das war um elf Uhr. Das weiß ich genau. Mein Sohn Albert hat sich furchtbar erschrocken, als diese Lena Jung ins Wasser gefallen ist. Die Mutter, Frau Jung, kenne ich. Sie arbeitet in der Bäckerei,
5 wo ich das leckere Krustenbrot kaufe. Zum Glück ist der Tierpfleger, Herr Schmitz, ja zur Stelle gewesen, als das Mädchen im Wasser war und um Hilfe geschrien hat. Ein Besucher, der Herr Demir, hat sofort den Notarzt gerufen und hat dann den Herrn Schmitz festgehalten, damit der das Mädchen aus dem kalten Wasser ziehen konnte.
10 Der Notarzt hat eine Unterkühlung festgestellt und das Mädchen mit ins Krankenhaus genommen. Sie hatte ganz blaue Lippen und zitterte am ganzen Körper. Das Wasser soll nur fünf Grad haben. Es war aber auch dumm, dass das Mädchen auf den Zaun geklettert ist. Dabei ist sie schon sieben Jahre alt. Mein Albert würde so etwas
15 zum Glück nie tun. Er ist vernünftig."

2 Welche **W-Fragen** vom Rand beantwortet Frau Alba?
   a. Markiere Antworten auf die **W-Fragen** mit passenden Farben.
   b. Welche Informationen haben gar nichts mit dem Unfall zu tun? Streiche diese Sätze durch.

| **Wann** passierte es? |
| **Wo** passierte es? |
| **Was** ist passiert? |
| **Wer** war beteiligt? |
| **Wie** kam es dazu? |
| **Was** war die **Folge**? |

Frau Alba hat etwas in der falschen Reihenfolge erzählt. Herr Schmitz muss in der richtigen Reihenfolge berichten.

3 Was geschah **der Reihe nach**?
Schreibe Stichworte zum Geschehen in der richtigen Reihenfolge auf.

Unfall im Zoo, 12. Mai 2010, 11:00 Uhr, am Robbengehege

Um den Unfallbericht zu planen, musst du prüfen,
ob du alle W-Fragen vollständig beantworten kannst.

4 Kontrolliere, ob du alle **W-Fragen** für den Bericht beantworten kannst.
Kreuze die W-Fragen an, die du in deinen Stichworten beantwortest.

- [ ] Wann passierte es?
- [ ] Wo passierte es?
- [ ] Was ist passiert?
- [ ] Wer war beteiligt?
- [ ] Wie kam es dazu?
- [ ] Was war die Folge?
- [ ] Was geschah der Reihe nach?

5 Beantworte die ersten sechs W-Fragen in ganzen Sätzen und im Präteritum.
Du kannst die Wörter und Wortgruppen vom Rand verwenden.

Wann passierte der Unfall? *Der Unfall passierte am 12. Mai 2010 um* _____

Wo passierte der Unfall? _____

Was ist passiert? _____

Wer war beteiligt? _____

Wie kam es dazu? _____

Was war die **Folge**? _____

Randspalte:
- ~~... passierte am ...~~
- ... passierte im ... am ...
- ... stürzte/fiel in das nur fünf Grad warme Wasser des Beckens
- An dem Unfall war ... beteiligt.
- An der Rettung waren ... beteiligt.
- Außerdem waren ... anwesend.
- ... kletterte auf den Zaun ...
- ... verlor vermutlich das Gleichgewicht.
- ... stellte eine Unterkühlung fest ...
- ... brachte zur Kontrolle ...

Ein Bericht soll genau und sachlich geschrieben sein.
Er soll außerdem knapp, einfach und klar sein.

6 Überarbeite deine Antworten zu Aufgabe 5.
– Überprüfe, ob alle sachlichen Informationen genau und vollständig sind.
– Streiche falsche oder überflüssige Angaben.
– Ergänze fehlende Angaben.

Bearbeite die folgenden drei Aufgaben in deinem Heft.

Der Bericht soll im Präteritum geschrieben sein.

mehr zum Präteritum
auf den Seiten 68–69

7 **Was geschah** der Reihe nach?
Überarbeite die folgende Antwort auf die letzte W-Frage.
Ergänze dazu die Verbformen im Präteritum vom Rand.

> Starthilfe
>
> **Was geschah der Reihe nach?**
> Zuerst kletterte die …

Zuerst ▓ die siebenjährige Lena Jung auf den Zaun
des Robbengeheges. Dabei ▓ sie vermutlich das Gleichgewicht
und ▓ in das nur fünf Grad Celsius warme Wasser des Beckens
im Robbengehege. Der Tierpfleger Herr Schmitz hatte den Sturz
5 beobachtet und ▓ sofort zur Unfallstelle. Der Besucher
Herr Demir ▓ mit dem Handy sofort einen Notarzt. Danach
▓ er dem Tierpfleger, das Mädchen aus dem Wasser ▓.
Dabei ▓ er den Tierpfleger an seinem Overall ▓.
Sie ▓ das nasse Mädchen zu seiner Mutter und ▓ es auf
10 eine Bank. Der eingetroffene Notarzt ▓ eine Unterkühlung ▓
und ▓ das Mädchen zur Kontrolle ▓ ins Krankenhaus.

~~kletterte~~
stellte … fest
legten
eilte
hielt … fest
rief
stürzte
nahm … mit
half … zu retten
brachten
verlor

8 **a.** Markiere alle Verbformen im Präteritum in deinen Antworten
zu den Aufgaben 5 und 7.
b. Schreibe die Verben mit Infinitiv,
Präsens und Präteritum in eine Tabelle.

> Starthilfe
>
> | Infinitiv | Präsens | Präteritum |
> |---|---|---|
> | passieren | es passiert | es passierte |
> | … | | |

Mit Hilfe deiner Antworten auf die W-Fragen
kannst du den vollständigen Bericht schreiben.

9 **a.** Schreibe den Bericht des Tierpflegers Ingo Schmitz.
An einigen Stellen musst du in der **Ich-Form**
oder in der **Wir-Form** berichten.
Du kannst dabei die Wortgruppen vom Rand verwenden.
b. Ergänze eine passende Überschrift.

ich beobachtete
ich eilte
half er mir
hielt er mich … fest
wir brachten … und legten

> Starthilfe
>
> 12. Mai 2010
> **Bericht über …**
> Der Unfall passierte am 12. Mai 2010 um 11:00 Uhr im Zoo am …
> …

10 Überprüfe deinen Bericht mit der folgenden Checkliste.

ja	nein	Checkliste für einen Bericht (Unfallbericht)
☐	☐	Habe ich **genau** und **sachlich** geschrieben?
☐	☐	Habe ich im **Präteritum** geschrieben?
☐	☐	Habe ich alle **W-Fragen** beantwortet?
☐	☐	Habe ich die **Reihenfolge** der Ereignisse beachtet?

20 Planen, schreiben, überarbeiten: Berichten

Das kann ich! – Berichten

Punkte

1 Welche sieben **W-Fragen** werden in einem Bericht beantwortet? Schreibe sie auf.

_____   _____

_____   _____

_____   _____

_____

Lenas kleiner Bruder Karl berichtet dem Tierpfleger, was er beobachtet hat.

„Also, Lena und ich haben zu Weihnachten einen Gutschein für einen Zoobesuch bekommen. Heute hatte unsere Mutter endlich Zeit! Wir haben schon so lange gewartet. Zuerst waren wir im Streichelzoo, aber Lena fand, dass das nur etwas für kleine Kinder ist. Die Robben
5 fanden wir immer schon toll. Und die Fütterung begann gerade. Also rannten wir schnell hin. Wir waren sehr neugierig. Lena meinte, dass man oben auf dem Zaun bestimmt besser sehen kann. Der Zaun ist nämlich viel zu hoch. Für Lena geht es eigentlich noch, aber ich kann gar nicht drüberschauen. Trotzdem wollte ich nicht auf
10 den Zaun. Aber Lena war auf einmal oben. Und dann war sie plötzlich weg! Ich hörte nur noch einen Schrei und dann einen Platscher. Ich hatte solche Angst!"

2 Markiere im Text alle Verben im Präteritum.
Achtung: Du darfst keine anderen Verbformen markieren!

/7 Punkte

/13 Punkte

Karl hat aufgeregt über den Unfall berichtet, einige Sätze im Perfekt formuliert und Einzelheiten erzählt, die für einen Bericht unwichtig sind.

3 Welche Sätze kannst du für einen Bericht verwenden? Unterstreiche sie.

/4 Punkte

Auch die Auszubildende Katharina muss einen Bericht schreiben, weil am gleichen Tag ein Esel ausgerissen ist. Was ist passiert?

4 Nummeriere Katharinas Notizen in einer sinnvollen Reihenfolge.

/6 Punkte

☐ mutige Besucher fingen die Eselin ein ☐ Esel entlief ☐ nach der Fütterung, 15:00 Uhr ☐ Esel zurück im Gehege, nach 30 Minuten ☐ ungefährliches, scheues Tier, weiblicher Esel, 5 Jahre alt, ☐ Tier lief im schnellen Galopp durch den Zoo ☐ Eltern und Kinder sprangen schreiend zur Seite ☐ Katharina lockte sie mit einer Möhre zurück in den Stall ☐ alle unverletzt ☐ Stalltür stand offen ☐ aufgeregte Besucher alarmierten Katharina

5 Schreibe Katharinas Bericht.
Beachte dabei die Arbeitstechnik „Einen Bericht schreiben".

/10 Punkte

Gesamtpunktzahl: /40 Punkte

Stellung nehmen

> Du kannst **andere überzeugen**, wenn du deine Meinung mit Argumenten begründest.
> **Behauptung (Meinung):** Kletterparks sind sicher.
> **Argument (Begründung):** Jeder Kletterer bekommt ein Sicherungsseil und mehrere Sicherungshaken.

➤ Wissenswertes auf einen Blick, Umschlagklappe hinten

Die Klasse 6a diskutiert über einen Ausflug in einen Kletterpark.

1 a. Markiere in den Sprechblasen die Behauptungen (Meinungen) blau und die Argumente (Begründungen) rot.
b. Rahme Wörter ein, die ein Argument einleiten.

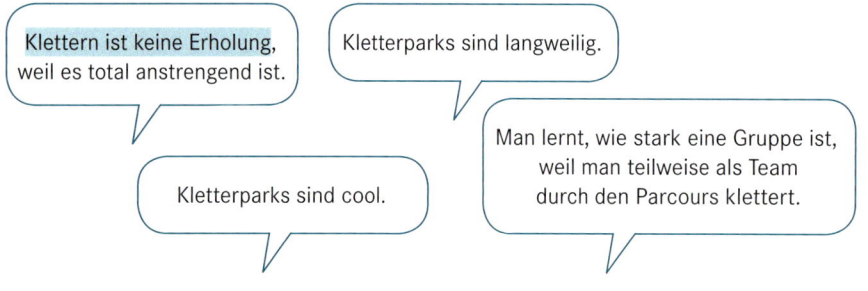

- Klettern ist keine Erholung, weil es total anstrengend ist.
- Kletterparks sind langweilig.
- Kletterparks sind cool.
- Man lernt, wie stark eine Gruppe ist, weil man teilweise als Team durch den Parcours klettert.

Jakob ist für den Ausflug in den Kletterpark und schreibt seine Meinung auf.

2 a. Markiere die Textstellen mit Argumenten rot.
b. Ein Satz enthält weder eine Behauptung noch eine Begründung.

Es ist der Satz mit dem Buchstaben _____ .

a) Dieser Kletterpark ist absolut ungefährlich, weil jeder Kletterer mit einem Seil und einem Karabinerhaken gesichert wird.
b) Nach dem Klettern fühlt man sich gut, weil man etwas Tolles geleistet hat.
c) Ich freue mich auf den Besuch im Kletterpark.
d) Die Klassengemeinschaft wird durch den Besuch im Kletterpark gefördert, weil man lernt, sich gegenseitig zu helfen.
e) Im Kletterpark ist es viel interessanter als im Spaßbad.

3 a. Ergänze zu jeder Behauptung vom Rand ein Argument. Du darfst Argumente aus diesem Kapitel verwenden. Schreibe in dein Heft
b. Markiere die Argumente rot.

Starthilfe
(Behauptung) Kletterparks fördern die Klassengemeinschaft nicht, weil bei den meisten Kletteraufgaben jeder für sich allein klettert (Argument).
…

~~Kletterparks fördern die Klassengemeinschaft nicht, weil~~ …

① Kletterparks sind sicher, denn …
② Im Kletterpark ist für jeden etwas dabei, denn …
③ Im Kletterpark kommt es nicht nur auf Kraft an, weil …

22 Planen, schreiben, überarbeiten: Stellung nehmen

Die Klasse hat Behauptungen und Argumente gesammelt.

4 **a.** Ordne passende Behauptungen und Argumente mit Zahlen zu.
Verwende auch die Behauptungen 1 bis 3 von Seite 22 unten.
b. Ordne die Behauptungen und Argumente nach **Pro**
(für den Kletterpark) und **Kontra** (gegen den Kletterpark).
Verbinde sie mit **weil** und **denn** zu Sätzen.
Schreibe in dein Heft.

> **Starthilfe**
>
> **Pro-Argumente**
> Kletterparks sind sicher,
> denn jeder erhält
> das nötige Material
> zum Sichern. ...

(4) Man kann sich im Kletterpark durchaus wehtun.

(5) Ich werde mich bestimmt nicht trauen, über eine wackelige Hängebrücke zu gehen.

(6) Klettern ist eine gute Übung gegen Leichtsinn.

(7) Ich kann nicht klettern.

(8) Ich glaube nicht, dass der Kletterpark der Gruppe dient.

(9) Klettern dient der Klassengemeinschaft.

(1) ... denn jeder erhält das nötige Material zum Sichern.

... weil ich Angst habe, dass die Mitschüler mich dabei auslachen werden.

... denn es gibt Parcours mit verschiedenen Schwierigkeitsgraden für Anfänger, für Fortgeschrittene und für Profis.

... weil am Ende doch jeder für sich allein über die Seile und Hängebrücken gehen muss. Dabei hilft einem niemand.

... weil ich Höhenangst habe.

... denn man hilft anderen und nimmt auf sie Rücksicht.

... weil man mit gutem Gleichgewichtssinn, Vorsicht und Geschicklichkeit dabei oft weiterkommt.

... denn der Parcours endet mit einer Seilrutsche. Dabei kann man unten hart landen.

... weil man seine Grenzen kennen lernt und die eigenen Fähigkeiten besser einschätzen kann.

5 **a.** Welcher Meinung bist du? Entscheide.
Streiche in der Überschrift die Meinung, die du nicht vertrittst.
b. Schreibe drei starke Argumente für deine Meinung in die Tabelle.

Ich bin für (pro) / gegen (kontra) einen Ausflug in den Kletterpark.	Reihenfolge

Planen, schreiben, überarbeiten: Stellung nehmen

> Mit **Beispielen** kannst du deine Argumente veranschaulichen.
> **Kletterparks sind sicher, denn jeder erhält das nötige Material zum Sichern,**
>   Behauptung (Meinung)   Begründung (Argument)
> **wie (zum Beispiel) Helm, Sicherungsseil und einen Sicherungskarabiner.**
>   Beispiel

6 Markiere in der Aussage von Lisa das Beispiel mit Blau.

Man kann sich im Kletterpark durchaus wehtun, weil der Parcours mit einer Art Seilrutsche endet. Dabei kann man unten hart landen wie meine Kusine, die danach wochenlang blaue Flecken hatte.

7 Ordne die Beispiele passenden Argumenten aus den Aufgaben 3 und 4 zu. Schreibe die Argumente mit den Beispielen in dein Heft.

Ich weiß noch, wie Jan ausgelacht wurde, als er voller Angst auf dem Einmeterbrett stand.	Wie beim Bergsteigen wartet man auf den Langsamsten und gibt den anderen Tipps.
Wer zum Beispiel auf dem Schwebebalken balancieren kann, hat es einfacher.	Als ich im Urlaub mit meinen Eltern auf einer Klippe stand, konnte ich mich vor Angst nicht mehr bewegen.

Die Eltern müssen dem Ausflug in den Kletterpark zustimmen.

8 Begründe in einem Brief der Klasse an alle Eltern, warum sie den Klassenausflug in den Kletterpark (nicht) genehmigen sollen.
   a. Ordne deine Argumente auf Seite 23 in eine sinnvolle Reihenfolge.
      Tipp: Dein stärkstes Argument solltest du zuletzt nennen.
      Denke an passende Beispiele.
   b. Schreibe den Brief in dein Heft.
      – Du kannst dabei die Formulierungen vom Rand verwenden.
      – Bitte die Eltern am Ende um Zustimmung oder Ablehnung.

➤ Einen Brief schreiben, Eine Stellungnahme schreiben: Wissenswertes auf einen Blick, Umschlagklappe hinten

Starthilfe
Fürstenberg, 12. Mai 2010
Sehr geehrte Eltern,
in zwei Wochen ist für die Klasse 6 a ein ganz besonderer Klassenausflug geplant. Wir können nach Wünneberg in den Kletterpark fahren. Wir sind für …

Unserer Meinung nach …
Wir sind davon überzeugt, dass …
Unserer Ansicht nach …
Wir denken, dass …
Ein weiteres Argument dafür/dagegen ist, …
Wir bitten Sie, dem Klassenausflug (nicht) zuzustimmen, …

9 Überprüfe deinen fertigen Brief mit der folgenden Checkliste.

ja	nein	Checkliste für einen Brief mit Stellungnahme
☐	☐	Habe ich **Ort**, **Datum** und **Anrede** verwendet?
☐	☐	Habe ich meine **Meinung** geäußert?
☐	☐	Habe ich mindestens **drei Argumente** genannt?
☐	☐	Habe ich **Beispiele** für die Argumente angeführt?
☐	☐	Habe ich um **Zustimmung** oder **Ablehnung** gebeten?
☐	☐	Endet mein Brief mit **Grußformel** und **Unterschrift**?
☐	☐	Habe ich das **Anredepronomen „Sie"** großgeschrieben?
☐	☐	Ist die **Sprache sachlich** und die **Rechtschreibung geprüft**?

Das kann ich! – Stellung nehmen

Punkte

1 Ergänze die Lücken.   /3 Punkte

Deine Stellungnahme überzeugt, wenn du deine _____

mit _____ begründest.

Argumente werden anschaulicher, wenn du sie mit _____ verdeutlichst.

Die 6 a sammelt Argumente für und gegen einen Besuch im Spaßbad.

	Behauptungen	Argumente	
○	Einen Besuch im Spaßbad müssen wir nicht aufwändig vorbereiten.	… denn man kann dort nicht richtig schwimmen.	①
○	Im Spaßbad kann man wichtige Dinge für den Urlaub am Meer lernen.	… weil die schlechteren Schwimmer von den anderen oft geärgert werden.	②
○	Das Spaßbad ist kein Ausflugsziel für die ganze Klasse.	… weil es in der Stadt ist und wir mit den Schülertickets hinfahren können.	③
○	Ein Besuch im Spaßbad kann ein ganz besonderes Gemeinschaftserlebnis sein.	… denn eine Voranmeldung per Telefon genügt und Schwimmsachen hat jeder.	④
○	Ein Besuch im Spaßbad ist ein günstiges Vergnügen.	… weil einige wegen des hohen Preises nicht mitkommen können.	⑤
○	Für echte Schwimmer ist das Spaßbad langweilig.	… denn im Wellenbecken kann man üben, durch Wellen zu tauchen und in Wellen zu schwimmen.	⑥
	Im Spaßbad haben ○ nicht alle ihren Spaß.	… weil es viele Möglichkeiten für Spiele in Gruppen gibt.	⑦

2 **a.** Markiere die Kullern der Behauptungen mit Blau und die Kullern der Argumente mit Rot.   /14 Punkte
    b. Ordne passende Behauptungen und Argumente mit Zahlen zu.

3 Ordne die Beispiele passenden Argumenten aus Aufgabe 2 zu.   /2 Punkte

○ Mit aufblasbaren Kissen kann man gemeinsam eine Brücke bauen, über die man nur balancieren kann, wenn die anderen die Kissen im richtigen Moment halten.

○ Im Sommer im Freibad haben mich andere nassgespritzt und untergetaucht.

4 Überarbeite den Brief der 6 a an den Schulleiter, Herrn Lang.   /16 Punkte
Du kannst Argumente und Beispiele von dieser Seite verwenden.
Tipp: Überprüfe dein Ergebnis mit der Checkliste von Seite 24.

Hallo,

in zwei Wochen möchte die Klasse 6 a einen Ausflug ins Spaßbad nach Neustadt machen. Für diesen etwas anderen Ausflug haben wir mehrere Argumente. Im Spaßbad kann man viel lernen. Außerdem dient diese Fahrt der Klassengemeinschaft. Auch unser Teamgeist wird gefördert.
Wir bitten Sie darum, unseren Antrag zu genehmigen.

Peter Meier

Gesamtpunktzahl: /35 Punkte

Planen, schreiben, überarbeiten: Stellung nehmen

Kurze Mitteilungen schreiben

Wenn du viele Dinge im Kopf hast, aber gerade noch etwas anderes tun musst, kannst du dir Notizen schreiben.

Der Vater lädt Sascha und seine Schwester spontan ins Kino ein. Aber Sascha hat noch viel zu tun. Er schreibt eine Notiz.

1 a. Lies die Hinweise am Rand.
b. Streiche in Saschas Notiz alle unnötigen Wörter.

~~Nachher~~ Mama ~~sagen, dass~~ Frau Bunt angerufen hat ~~und~~ dringend um Rückruf bis 21:00 Uhr bittet. Außerdem eine E-Mail an Leonie schicken mit der Adresse, Telefonnummer und E-Mail-Adresse von Knut. Dann noch eine SMS an Adam schicken, damit er weiß, dass morgen die erste Stunde ausfällt, und damit er das neue Mathebuch mitbringt.

> **Notizen schreiben**
> Notizen sollen **kurz** und **übersichtlich** sein. Du kannst **Stichworte** verwenden, **Wichtiges unterstreichen** und musst **keine ganzen Sätze** verwenden.

Die Mutter wird nach Hause kommen, während Sascha im Kino ist.

2 Schreibe zwei Notizen. Eine für die Mutter und eine für Sascha selbst. Verwende nur die notwendigen Informationen aus Saschas Notizen.

Für Mama!
Frau _____

Die Notiz für die Mutter heftet Sascha an den Kühlschrank.

Planen, schreiben, überarbeiten: Kurze Mitteilungen schreiben

Als Sascha nach dem Kino ins Bett will, findet er auf dem Kopfkissen seine Notiz. Er fragt seinen Vater, ob er noch schnell die E-Mail schreiben darf, die er Leonie versprochen hat.

An: _____

Betreff: *Kontaktangaben Knut*

Anlagen: _____

Hallo, _____,

wie versprochen hier die Kontaktangaben von _____:

_____
_____
_____
_____

Viele _____ _____

PS: Anbei noch _____ _____ von _____ von _____ _____

3 Schreibe an Leonie die E-Mail mit Knuts Adresse.
– Beachte die Tipps für korrekte E-Mails.
– Verwende die Angaben aus Saschas Adressbuch.

Leonie Grebma
Wagengasse 5
67890 Einöl am Berg
Telefon: 06789 / 12345
E-Mail: leonie.grebma@einoel.de

Knut Ludwig
Seestraße 4
23456 Knutsburg am Ludwigssee
Telefon: 01234 / 56789
E-Mail: giwdul.tunk@grubstunk.de

Tipps für korrekte E-Mails:
1. Trage die E-Mail-Adresse des Empfängers ein.
2. Trage einen **Betreff** ein, damit der Empfänger weiß, worum es geht.
3. Verwende eine **freundliche Anrede** mit Komma am Ende.
4. Beginne den Text nach einer Leerzeile. Schreibe **das Wort** nach der Anrede **klein**.
5. Beende die E-Mail mit einem **Gruß** und mit **Namen**.
6. Füge eine im Text erwähnte **Anlage (Datei)** wirklich ein.
7. Überprüfe vor dem Absenden die **Rechtschreibung**.
8. **Prüfe vor dem Absenden** noch einmal Empfängeradresse und Betreff.
9. Das **Datum** musst du **nicht angeben**. Es erscheint beim Empfänger automatisch.

Sascha fällt ein, dass er noch ein Foto Leonies von der Klassenfahrt auf dem Rechner hat.

4 a. Füge die folgende Anlage an der richtigen Stelle ein.
b. Schreibe am Ende der Mail ein passendes PS* dazu.

Foto-Leonie-15.9.jpg

* PS: Abkürzung für **P**ost**s**kriptum (lateinisch für „Nachschreiben"). Ein PS ist ein Nachsatz in einem Brief nach der Unterschrift. Ein zweiter Nachsatz heißt PPS und so weiter.

Planen, schreiben, überarbeiten: Kurze Mitteilungen schreiben

Sascha leiht das Handy seiner Mutter, um Adam eine SMS (Kurznachricht) zu schreiben. Er probiert mehrere Texte aus.

1
Hi, Adam,
die erste Std. fällt aus (y). |-)
weiter. & Frau Koops hat gesagt,
du sollst das neue Mathebuch
mitbringen. Oder willst du sie
enttäuschen :^), so (inlove) wie
du in sie bist :P. CU Sascha

2
Moin, Adam,
voller Erfolg (music). Herrn Brinke
hast du noch angesteckt (rofl).
Kannst noch für deine Lieblingslehrerin lernen. & bring das neue
MatheB mit. :S Ich verstehe da
nichts (shake). Lg Sascha

3
Hey, Adam,
Brinke krank. Erste frei. (whew)
Koops will das neue Mathebuch
anfangen :@ mitbringen! (nod)
Du hast es bestimmt schon gel.
& es unterm Kopfkissen.]:)
Ciao Sascha

Sascha hat Abkürzungen und Emoticons* verwendet, um Zeichen zu sparen.

* das Emoticon: kurze festgelegte Zeichenfolgen für Gefühle in E-Mails, SMS und im Internet. Im Internet gibt es für diese Zeichen oft kleine sich bewegende Bilder.

5 Übersetze die drei Texte.
– Verwende vollständige Sätze.
– Verwende keine Abkürzungen und keine besonderen Zeichen.
– „Übersetze" die Emoticons mit Hilfe der Angaben vom Rand.

Tipp: Oft musst du ein Emoticon durch einen ganzen Satz ersetzen.
Schreibe in dein Heft.

:S = besorgt
:P = Grinsen mit Zunge
(inlove) = verliebt
(y) = yes! Ja!
|-) = schläfrig
|-(= langweilig
(rofl) = lachend über den Boden rollen
:^) = fragend
(music) = Musik
(shake) = Kopfschütteln
(whew) = erleichtert
:@ = böse
]:) = fieses Grinsen
(nod) = Nicken

Starthilfe
SMS 1: Hi, Adam,
die erste Stunde fällt aus. Das finde ich prima.
Schlaf weiter. Und Frau Koops hat gesagt, du sollst ...

Jetzt fällt Sascha ein, dass die SMS ja auf das Handy von Adams Mutter, Frau Moor, gesendet wird. Er muss den Text ändern.

6 Schreibe eine SMS an die Mutter von Adam.
– Verwende alle wichtigen Informationen.
– Verzichte auf jeden Spaß, der Adams Mutter nichts angeht.
– Verwende nicht mehr als 160 Zeichen (Leerzeichen zählen mit).

Abkürzungen:
CU = see you (wir sehen uns)
Lg = Liebe Grüße

Das kann ich! – Kurze Mitteilungen schreiben

Leonie antwortet Sascha eilig, aber die E-Mail kommt nicht an.

An: ahcsas.renegawQeinoel.de
Betreff: Danke für die Adresse
Anlagen:

> Hallo, Sascha. Danke für Knuts Adresse. Er hat ja in der E-Mail-Adresse seinen Namen so umgedreht, wie wir. Danke für das Foto. Aber da grinse ich wieder so. Ich mag sowieso keine Fotos von mir. Liebe Grüße Leonie
>
>   Anbei zwei Fotos von dir. Tschüss noch mal. Leonie

1 a. Markiere zwei Fehler im E-Mail-Kopf.
b. Schreibe die richtige E-Mail-Adresse auf die Linie.
   Tipp: Ein Zeichen in der Adresse ist falsch. _____
c. Markiere Stellen, an denen Absatz und Leerzeile fehlen.
d. Welcher Bestandteil der E-Mail fehlt? Schreibe auf.
   _____
e. Ergänze am Schluss eine passende Abkürzung und streiche eine überflüssige Wiederholung.

2 Welche Angabe erscheint bei E-Mails automatisch beim Empfänger?
Schreibe auf. _____

3 Schreibe den Text der E-Mail als Brief.
– Ergänze dabei die fehlende Angabe aus Aufgabe 2. Du musst sie dir ausdenken.
– Achte auf die richtige Zeichensetzung.

Punkte: /8 Punkte /8 Punkte /2 Punkte /10 Punkte

Gesamtpunktzahl: /20 Punkte

Aus anderer Sicht erzählen

1 Lies zunächst die Überschrift und betrachte das Bild zum Text. Worum geht es in dem Text vermutlich?

Der Fund am Straßenrand

An der Kasse einer Tankstelle bei Flensburg erzählt eine Kassiererin ihrer Kollegin: „Meine Tochter arbeitet doch in einem Kindergarten in Hamburg. Wissen Sie, was der Schwester der Kindergartenleiterin neulich passiert ist? Die Frau wohnt in Reinbek, das ist eine kleine
5 Stadt im Osten von Hamburg.
Eines Vormittags hat sie Einkäufe in Hamburg gemacht, und auf dem Rückweg bemerkt sie, dass Sperrmüll ist. Kurz vor Reinbek sieht sie im Vorbeifahren einen älteren Filmprojektor[1] auf dem Grünstreifen stehen. Da ihr Mann alte Filme und Projektoren
10 sammelt, hält sie an und packt das Gerät in den Kofferraum ihres Autos. Sie denkt bei sich, ihr Mann könne den vermutlich kaputten Apparat ausschlachten[2] und die Einzelteile als Ersatzteile für seinen Projektor verwenden.
Kurz vor Hamburg wird sie von einem Streifenwagen[3] gestoppt.
15 Die Polizisten verlangen ihren Führerschein und den Personalausweis. Da sie beides zu Hause vergessen hat, muss sie in den Polizeiwagen steigen und mit zur nächsten Wache fahren. Eine Polizistin fährt mit dem Auto der Frau hinterher.
Auf der Wache behauptet die Polizei, sie habe ein Radargerät im Wert
20 von mehreren zehntausend Euro gestohlen. Die Polizisten erlauben ihr, ihren Mann an dessen weit entfernter Arbeitsstelle anzurufen. Erst nach Stunden kommt ihr Mann mit ihren Papieren auf die Polizeiwache, und es gelingt, den Irrtum glaubhaft zu machen."

[1] der Filmprojektor: ein Gerät zum Vorführen von Filmen

[2] ausschlachten: zerlegen und noch brauchbare Teile verwenden oder aufbewahren

[3] der Streifenwagen: ein Fahrzeug der Polizei

Handlungsbausteine:
- Hauptperson und Situation
- Wunsch
- Hindernis
- Reaktion
- Ende

2 Lies den Text genau. Wovon handeln die einzelnen Abschnitte?

3 a. Ergänze in der Tabelle die fehlenden Handlungsbausteine.
b. Ordne den Handlungsbausteinen die Fragen vom Rand zu.
c. Beantworte die Fragen in Stichworten.

a) Wie reagiert die Hauptperson auf das Hindernis?
b) Wer ist die Hauptperson und wo spielt die Geschichte?
c) Wie endet die Geschichte?
d) Was hindert die Hauptperson daran, ihr Ziel zu erreichen?
e) Was will die Hauptperson mit dem Gerät?

Handlungsbaustein	Frage	Antwort
Hauptperson und Situation	b)	Frau im Auto, Rückweg vom Einkaufen am Sperrmülltag, sieht einen Projektor

4 Beantworte folgende Fragen zu der Geschichte.
   a. Wer erzählt die Geschichte? Ergänze.

   Eine _____ einer _____ bei _____,

   deren _____ in einem _____ arbeitet, dessen

   _____ die _____ der Hauptperson ist.

   b. Aus der Sicht welcher Figur wird erzählt? Kreuze an.

   ☐ **A** aus Sicht der Frau im Auto   ☐ **B** aus Sicht der Polizistin

   ☐ **C** aus Sicht der Kindergartenleiterin ☐ **D** aus Sicht des Mannes

5 In welcher Zeitform wird die Geschichte erzählt?
   a. Markiere im Text alle Verbformen.
   b. Kreuze an, welche Zeitformen im Text vorkommen.

   ☐ **A** Präsens (Gegenwart)   ☐ **B** Präteritum (Vergangenheit)

   ☐ **C** Perfekt (abgeschlossene Vergangenheit)

   c. Markiere die Zeitform, die besonders häufig im Text vorkommt.

Du kannst die Geschichte aus der Sicht einer anderen Figur erzählen.

➤ Wissenswertes auf einen Blick, Umschlagseite vorn

6 Aus Sicht welcher Figur willst du die Geschichte neu erzählen?
   a. Entscheide dich für eine der beiden Figuren vom Rand.
   b. Wie verläuft der Tag in der Geschichte für diese Figur?
   Notiere Ideen in deinem Heft.

   Starthilfe
   Der Mann beendet gerade eine Arbeit und will zum Mittagessen, weil er großen Hunger hat. …

7 Wie müsste die Geschichte aufgebaut sein, wenn du sie aus der Sicht deiner ausgewählten Figur erzählen willst?
   a. Lege für die ausgewählte Figur eine Tabelle in deinem Heft an.
   b. Schreibe zu jedem Handlungsbaustein ein, zwei Sätze auf.
      – Mögliche Bausteine für jede Figur findest du am Rand.
      Tipp: Ordne sie mit **E** oder **P** deiner Figur zu.
      – Du kannst dir auch jeden Handlungsbaustein selbst ausdenken.
      Bedingung: Der „Diebstahl" des Radargeräts muss vorkommen.

der Ehemann der Frau (E)
die Polizistin (P)

(P) Der Ehemann der Frau erklärt uns glaubhaft, dass die Frau irrtümlich gehandelt hat.

○ Die Frau ist nicht einsichtig und hat keine Papiere dabei.

○ Seine Frau ruft von der Polizei an und bittet ihn, mit den Papieren zu kommen.

○ Eine Frau finden und überführen, die dreist eine Radarkamera der Kollegen entwendet hat.

○ Er fährt hungrig los. Unterwegs hält er an einem Imbiss und holt dann die Papiere und seine Frau.

○ Abends zeigt er seiner Frau mit einem alten Filmprojektor Filme aus seiner Jugend.

○ Die Frau mitnehmen und eine Anzeige schreiben.

Starthilfe

Handlungsbausteine	Handlung
Hauptperson und Situation	Einer Polizistin und ihrem Kollegen im Streifenwagen wird der Vorfall gemeldet. Sie sollen hinfahren.
Wunsch	…
…	…

Gattungen – Zu Texten schreiben: Aus anderer Sicht erzählen

Bearbeite die folgenden Aufgaben in deinem Heft.

8 Schreibe für deine Geschichte eine ähnliche Einleitung wie im Original.
   a. Denke dir einen Ort aus, an dem die Geschichte erzählt wird.
   b. Wer erzählt die Geschichte in deiner Geschichte weiter?
      Denke dir eine Reihe von Personen aus.

> **Starthilfe**
> Ort: In der Kantine des ...

> **Starthilfe**
> Reihe von Personen: Der Vater der Mitschülerin meiner ...

9 Schreibe deine Geschichte auf.
   – Verwende für die Einleitung **Ort** und **Personen** aus Aufgabe 8.
   – Halte dich im Hauptteil an die **Handlungsbausteine** aus Aufgabe 7.
   – Verwende die **Zeitformen** wie im Originaltext.
   – Denke an abwechslungsreiche Verben, Adjektive und Satzanfänge.
   – Verwende wörtliche Rede. Leite sie abwechslungsreich ein.
   – Ergänze zum Schluss eine neue passende Überschrift.

> **Starthilfe**
> Morgens beim Bäcker in der Mannheimer Straße erzählt ...

10 Was wird in deiner Geschichte anders erzählt als im Original?
Beschreibe, wodurch die veränderte Wirkung entsteht. Du kannst die Wörter und Wortgruppen vom Rand verwenden.

> Aus der Sicht ...
> ... andere Interessen ...
> ... wirkt ... (nicht) verständlich ...

Eine Geschichte gelingt oft erst beim Überarbeiten.

11 a. Überarbeite die folgende Version zu der Geschichte.
   – Überprüfe, ob der **Anfang** so ähnlich gestaltet ist wie beim Original.
   – Rahme die **Handlungsbausteine** ein und notiere sie am Rand.
   – Markiere Abweichungen **wichtiger Angaben** vom Original mit Blau.
   – Prüfe die **Zeitform** der Verben und markiere Abweichungen mit Rot.
   – Markiere **Verben**, die sich **wiederholen**, mit Gelb.
      Achte dabei auch auf die Einleitungen von wörtlicher Rede.
   b. Schreibe die vollständige Überarbeitung in dein Heft.
      Ergänze dabei fehlende Teile und eine neue passende Überschrift.

Einleitung und **Handlungsbausteine**

Mein Bruder arbeitet doch in Lübeck. Wissen Sie, was dem Vater des Schulfreundes seines Sohnes passiert ist? — *Einleitung*
Der Mann arbeitet bei der Verkehrspolizei und an dem Tag hatten sie ganz frühmorgens mehrere Radarfallen aufgestellt. — *Hauptperson und Situation*
5 Er fuhr also mittags mit einem Kollegen zu den Geräten, weil sie die Geräte kontrollieren wollen.
An einer Stelle kurz vor Flensburg ist kein Gerät. Jemand hat es entwendet. „Wer entwendet der Polizei ein Radargerät?", fragt der Mann seinen Kollegen. „Jemand, der gerade geblitzt wurde",
10 sagt der Kollege. Er sagt: „Der weiß nicht, dass die Bilder sofort an die Zentrale gesendet werden." Der andere sagt: „Wir sehen die Bilder durch." Er sagt: „Ja, der Täter muss dabei sein." Sie fuhren also in die Zentrale. Es gibt 34 Bilder von Autos mit überhöhter Geschwindigkeit. Sie prüfen zuerst die Fahrer, die besonders schnell gefahren waren,
15 denn für die wäre die Strafe besonders hoch.

Gattungen – Zu Texten schreiben: Aus anderer Sicht erzählen

Das kann ich! – Aus anderer Sicht erzählen

1 Ordne folgende unfertige Geschichte.
  a. Schreibe passende Handlungsbausteine neben die Absätze.
  b. Bringe die Absätze in eine sinnvolle Reihenfolge.

Handlungsbausteine:
- Hauptperson und Situation
- Wunsch
- Hindernis
- Reaktion
- Ende

/ 10 Punkte

☐ Sie überlegte, wie sie ihren Vater dazu überreden könnte, ihr die Schuhe zu kaufen. Da kam ihr die Idee. Er schimpfte die ganze Zeit, dass er noch das Auto waschen muss. Und gleich kam die Sportschau.

☐ Als sie es ihm vorschlug, sah der Vater sie lächelnd an und fragte sie, was sie denn dafür will.

☐ Die Schuhe waren leider sehr teuer.

☐ Kyra aus der 6 b hatte genau diese Schuhe, die sie schon seit Wochen haben wollte.

☐ Lydia ist 11 Jahre alt und brauchte damals dringend neue Schuhe.

2 Finde eine Stelle, an der du gut wörtliche Rede einsetzen kannst. Schreibe die Stelle mit wörtlicher Rede auf.

_____

_____

/3 Punkte

3 Die Überschrift fehlt. Schreibe eine Überschrift auf die Linie.

_____

/3 Punkte

4 Plane die gleiche Geschichte aus der Sicht des Vaters. Ergänze für weitere vier Handlungsbausteine jeweils eine Idee.

Hauptperson und Situation: *ein Mann, der sein Auto waschen muss*

Wunsch: _____

Hindernis: _____

Reaktion: _____

Ende: _____

/8 Punkte

5 Schreibe die Geschichte in dein Heft.
  – Du kannst die wörtliche Rede aus Aufgabe 2 verwenden.
  – Halte dich im Hauptteil an die **Handlungsbausteine** aus Aufgabe 4.
  – Verwende die gleiche **Zeitform** wie im Originaltext.
  – Denke an abwechslungsreiche **Verben**, **Adjektive** und **Satzanfänge**.
  – Ergänze eine passende Überschrift.

/ 16 Punkte

Gesamtpunktzahl: /40 Punkte

Gattungen – Zu Texten schreiben: Aus anderer Sicht erzählen

Ein Gedicht erschließen

Drei Finken Wolf Harranth

Es sitzen drei Finken auf einem Ast.	a
Die haben zur Herbstzeit den Abflug verpasst.	a
Da hocken sie nun und träumen	b
Von sommersonnigen Bäumen.	b
5 Doch beißt sie ein Windstoß von Zeit zu _____	c
Und zaust ihnen eisig das Federkleid	___
Und bringt ihren Ast arg ins Schwanken,	___
geraten die Träume ins _____.	___
Dann rucken sie hin und rucken sie her,	___
10 die frierenden Finken, und träumen nicht mehr.	___
Und ich höre sie, will es mir scheinen,	___
ganz leise auf Finkenart _____.	___

Reime eines Gedichtes kennzeichnet man mit Kleinbuchstaben. Dabei erhält jeder neue Reim einen eigenen Kleinbuchstaben. Zum Beispiel so:

… Ast	a	⎫
… Birne	b	⎬ Kreuzreim
… fast	a	
… Stirne	b	⎭
… Füßen	c	⎫
… denken	d	⎬ umarmender Reim
… schenken	d	
… Grüßen	c	⎭
… Last	a	⎫
… Mast	a	⎬ Paarreim
… versenken	d	
… lenken	d	⎭

Paarreim (aabb), Kreuzreim (abab) und umarmender Reim (abba) sind wichtige **Reimschemata**.

1 Lies das Gedicht einmal laut.

Viele Gedichte haben am Ende der Verse Reime.

2 Ergänze im Gedicht passende Reimwörter.

> weinen, Zeit, Wanken

3 a. Lies die Informationen zum Reim am Rand.
b. Kennzeichne die Reime im Gedicht mit Kleinbuchstaben.
c. Schreibe auf, welches Reimschema das Gedicht hat.

_____

4 a. Lies die Informationen zu Vers und Strophe am Rand.
b. Ergänze die folgende Aussage in deinem Heft.

Das Gedicht ▇ von ▇ besteht aus ▇ mit jeweils ▇.
Das Reimschema des Gedichts ist der ▇.

Eine Zeile im Gedicht nennt man **Vers**.
Eine bestimmte Anzahl von Versen, die miteinander zu einer Einheit verbunden sind, nennt man **Strophe**.

Oft beschreiben Gedichte Bilder.

Z 5 Welche Bilder beschreibt das Gedicht? Beschreibe, wie ein Foto zu jeder Strophe aussehen könnte. Schreibe in dein Heft.
Du kannst natürlich auch zu jeder Strophe ein Bild malen.

Starthilfe
Das erste Bild ist ruhig.
Die Finken sitzen …

Anschaulich wird ein Gedicht durch sprachliche Bilder.

Sprachliche Bilder sind Wörter oder Wortgruppen, die nicht in ihrer eigentlichen, sondern in einer übertragenen Bedeutung verwendet werden.
Häufig entstehen sprachliche Bilder, indem Wörter auf ungewöhnliche Weise miteinander verbunden werden.

6 a. Lies die Informationen über „sprachliche Bilder" am Rand.
   b. Ordne die folgenden Beschreibungen sprachlicher Bilder den passenden Zitaten aus dem Gedicht darunter zu.
   c. Markiere die sechs zitierten Stellen im Gedicht.

   a) **Menschliche Eigenschaften** werden auf Tiere oder anderes **übertragen**.
   b) **Neue Wörter** werden gebildet.
   c) Wörter oder Wortgruppen werden **wiederholt**.
   d) **Vorgestellte Dinge** tun etwas oder bewegen sich.

   Zitate aus dem Gedicht

   [a] „sie (die Finken) ... träumen" (Zeile 3)
   [ ] „sommersonnigen" (Zeile 4)
   [ ] „beißt sie ein Windstoß" (Zeile 5)
   [ ] „Träume geraten ins Wanken" (Zeile 8)
   [ ] „rucken sie hin und rucken sie her" (Zeile 9)
   [ ] „auf Finkenart weinen" (Zeile 12)

Z 7 Beschreibe für jedes sprachliche Bild, welche Stimmung bei dir entsteht. Begründe deinen Eindruck jeweils in einem Satz.

> **Starthilfe**
> Träumende Finken: Einerseits wirkt es etwas traurig, weil sie den Abflug verpasst haben. Andererseits ...

Z 8 a. Schreibe deine Ergebnisse zu den Aufgaben 4, 6 und 7 in ganzen Sätzen in dein Heft
   b. Ergänze deine Meinung zu dem Gedicht und begründe sie.

Das kann ich! – Ein Gedicht erschließen

Punkte

1 Ergänze die Lücken in den folgenden Angaben zu den Reimschemata.   ___/3 Punkte

Paarreim = _____ , _____ = abab, umarmender Reim = _____

2 a. Finde jeweils zwei bis drei Reimwörter für die folgenden Wörter.   ___/6 Punkte
   b. Schreibe ein Gedicht mit vier der Reimwörter in dein Heft.   ___/8 Punkte

Regen, _____ , _____ , _____

Meise, _____ , _____ , _____

3 Wie heißen die Zeilen in einem Gedicht? _____   ___/1 Punkt

4 Wie nennt man eine Einheit aus mehreren solchen Zeilen?   ___/1 Punkt
_____

5 Wodurch werden Gedichte oft anschaulich?   ___/1 Punkt
_____

Gesamtpunktzahl: ___/20 Punkte

Gattungen – Zu Texten schreiben: Ein Gedicht erschließen

Rechtschreibhilfen

Entwickle dein Rechtschreibgespür!
Lass Rechtschreibzweifel zu!
Rechtschreibhilfen helfen dir, richtige Entscheidungen zu treffen.
Die drei wichtigsten Rechtschreibhilfen sind das Gliedern,
das Verlängern und das Ableiten.

Das Gliedern

> Beim **Gliedern** zerlegst du mehrsilbige Wörter in Sprechsilben.
> Beispiel: Regenwolke

Eine unangenehme Überraschung

Um Mitternacht machte ich mit meiner Klasse eine Nachtwanderung. Im Wald war es stockfinster und totenstill. Plötzlich blitzte es in der Ferne und ein dumpfer Donnerschlag folgte. Unser Klassenlehrer rief: „Wir müssen sofort umkehren!" Dann fielen die ersten Tropfen. Völlig außer Atem erreichten wir schließlich die Jugendherberge.

1
a. Lies den Text.
b. Sprich die farbigen Wörter langsam und deutlich – Silbe für Silbe.
c. Zerlege die Wörter in Sprechsilben. Schreibe sie gegliedert auf.

un / an / ge / neh / me

2
a. Ordne die Wörter aus Aufgabe 1 gegliedert in die Tabelle ein.
b. Ordne auch die Wörter vom Rand gegliedert in die Tabelle ein.

vielleicht
interessant
Unterrichtsstunde
Erdbeerkuchen
Verkehr

Wörter mit fünf Silben

Wörter mit vier Silben	Wörter mit drei Silben	Wörter mit zwei Silben

3
a. Schreibe den Text in dein Heft.
b. Markiere die gegliederten Wörter aus Aufgabe 1.

> **Starthilfe**
> Eine **unangenehme** Überraschung
> Um Mitternacht machte ich mit meiner Klasse ...

Das Verlängern

> **d** oder **t**, **g** oder **k** am Ende eines Wortes?
> Das **Verlängern** bringt die Entscheidung.
>
> der Monat – die zwölf Mon**a**t**e**   der Tag – die sieben Ta**ge**
>   ↓   ↓   ↓   ↓
>   d/t?   t!   g/k?   g!

4 a. **d** oder **t**? Verlängere die Wörter und entscheide!
b. Markiere **d** mit Blau und **t** mit Rot.
c. Verlängere die Wörter vom Rand genauso in deinem Heft.

kal _t_ (d/t)	die _kalten_ Getränke	→ also	_kalt_
der Win __ (d/t)	stürmische _____	→ also	_____
bekann __ (d/t)	die _____ Person	→ also	_____
der Freun __ (d/t)	echte _____	→ also	_____
das Pfun __ (d/t)	zu viele _____	→ also	_____
gesun __ (d/t)	eine _____ Ernährung	→ also	_____

Randspalte:
- spannen __ (d/t)
- der Aben __ (d/t)
- der Stran __ (d/t)
- bun __ (d/t)
- die Gestal __ (d/t)
- das Zel __ (d/t)

5 a. **g** oder **k**? Verlängere die Wörter und entscheide!
b. Markiere **g** mit Blau und **k** mit Rot.
c. Verlängere die Wörter vom Rand genauso in deinem Heft.

schlan __ (g/k)	der _____ Sportler	→ also	_____
stren __ (g/k)	der _____ Lehrer	→ also	_____
der Erfol __ (g/k)	große _____	→ also	_____
der Ber __ (g/k)	riesige _____	→ also	_____
das Geträn __ (g/k)	kalte _____	→ also	_____
das Geschen __ (g/k)	viele _____	→ also	_____

Randspalte:
- die Ban __ (g/k)
- der Gesan __ (g/k)
- lan __ (g/k)
- der Krie __ (g/k)
- das Vol __ (g/k)
- star __ (g/k)

> Auch bei **Verbformen** hilft das Verlängern. Bilde den **Plural**
> mit **wir** oder **sie** und du kannst **d** oder **t**, **g** oder **k** hören.
>
> sie fand – wir fan**d**en   du folgst – sie fol**g**en
>   ↓   ↓   ↓   ↓
>   d/t?   d!   g/k?   g!

Z 6 **d** oder **t**? **g** oder **k**? Schreibe den Plural in dein Heft und entscheide.

> es wir __ t (g/k), sie ba __ (d/t), er rie __ (d/t), sie sprin __ t (g/k),
> es gelin __ t (g/k), er stan __ (d/t), er den __ t (g/k), sie schmin __ t (g/k),
> sie ban __ (d/t), er win __ t (g/k)

Starthilfe
sie wirken →
also: es wirkt
…

Rechtschreiben: Rechtschreibhilfen

Zelten am Stran■

„Hast du schon mal in einem Zel■ am Stran■ übernachtet? Es macht viel Spaß, ist spannen■ und gesun■", sagt mein großer Bruder. „Aber bei Win■ kann es kal■ werden", meint meine Schwester. „Mein Freun■ Klaus und ich haben es selbst mit Erfol■ ausprobiert. Wir fühlten uns richtig star■ und gegen Win■ und Kälte wir■ten warme Geträn■e hervorragend", antwortet mein Bruder. Ich den■e, dass ich beim nächsten Mal dabei bin.

7 a. Lies den Text.
b. Schreibe den Text in dein Heft und entscheide: **d** oder **t**? **g** oder **k**?
c. Markiere die eingesetzten Buchstaben mit Rot.

Starthilfe
Zelten am Strand
„Hast du schon mal in …"

Das Ableiten

> **ä** und **e** klingen in vielen Wörtern ähnlich, **äu** und **eu** klingen gleich.
> Leite ab: Finde ein verwandtes Wort mit a und au.
> **ängstlich – die Angst**   **die Räume – der Raum**
>   ↓   ↓   ↓   ↓
>   ?   ä! ← a   ?   äu! ← au

8 Schreibe in die Lücken jeweils ein verwandtes Wort mit **a** oder **au**.

das Geb**äu**de kommt von _bauen_, also _äu_   qu**ä**len kommt von die _____, also ___

das P**ä**ckchen kommt von _____, also ___   du l**äu**fst kommt von _____, also ___

die Str**äu**ße kommt von der _____, also ___   kr**ä**ftig kommt von die _____, also ___

sch**ä**dlich kommt von der _____, also ___   t**ä**glich kommt von der _____, also ___

tats**ä**chlich kommt von die _____, also ___

9 Schreibe die Wörter mit **ä** oder **äu** aus Aufgabe 8 noch einmal auf.

das Gebäude, _____

10 a. Ergänze in den Sätzen passende Wörter mit **ä** oder **äu**.
b. Schreibe die Sätze in dein Heft.
c. Markiere im Heft die Wörter mit **ä** oder **äu**.

Wenn etwas anders wird, dann hat es sich ver_____.

Laut _____ die Glocken der Kirche.

Klar doch! Ich werde dir die Aufgabe er_____.

Das nasskalte Wetter ist schuld. Nun habe ich eine _____.

Schreibe diesen Satz noch einmal. Die übrigen _____ sind in Ordnung.

Das kann ich! – Gliedern, verlängern, ableiten

Punkte

1 Wie heißen die drei wichtigsten Rechtschreibhilfen?

das _____ , das _____ und das _____

/3 Punkte

2 Gliedere die Wörter in Silben.

interessant _____   vielleicht _____

die Schulhofgestaltung _____

die Jugendherberge _____

/4 Punkte

3 Ergänze den Merksatz.

> **d** oder **t**, **g** oder **k** am Ende des Wortes?
>
> Das _____ bringt die Entscheidung.

/1 Punkt

4 Wende eine Rechtschreibhilfe an. Schreibe das Wort noch einmal auf.

bekann__ (d/t)   eine sehr _____ Person → also _____

Getränen__ (g/k)   die kalten _____ → also _____

Vol__ (g/k)   die kriegerischen _____ → also _____

spannen__ (d/t)   eine _____ Geschichte → also _____

/8 Punkte

5 Wende eine Rechtschreibhilfe an. Schreibe das Wort noch einmal auf.

Diese Medizin wir__t (g/k). Die Pillen _____ . → also _____

Der Sprung gelin__t (g/k). Die Sprünge _____ . → also _____

/4 Punkte

6 Ergänze den Merksatz.

> **ä** und **e** klingen in vielen Wörtern ähnlich, **äu** und **eu** klingen gleich.
> Du kannst Wörter mit **ä** oder **äu** von
>
> verwandten Wörtern _____ .

/1 Punkt

7 Entscheide! Schreibe die Wörter richtig auf die Linien.

das Geb__de (äu/eu) _____   kr__ftig (ä/e) _____

die Str__ße (äu/eu) _____   __ngstlich (ä/e) _____

/4 Punkte

8 Schreibe die vier Fehlerwörter richtig auf die Linien.

Vieleicht gewinne ich den Preis.
Die Überraschung ist dir gelungen.
Der Erfolg stellte sich endlich ein.
Rauchen ist schedlich.
Die Medizin hat gewirkt.
Das Gebeude musste geräumt werden.

Achtung: Fehler!

_____
_____
_____
_____

/4 Punkte

Gesamtpunktzahl: /29 Punkte

Rechtschreiben: Rechtschreibhilfen

Wörter bilden und schreiben

Verben verbinden sich oft mit Vorsilben.
Dabei entstehen neue Verben.

1 Bilde neue Verben mit **fahren**.

~~um-~~ an- auf-
ver- ab- aus-
be- über- los-   +   fahren   =   umfahren, _____
ein- fort- hin-
mit- durch-

2 Ergänze passende Zusammensetzungen aus Aufgabe 1.

Mit dem Fahrrad zur Schule

Wenn ich morgens früh _____, will meine kleine Schwester

meist auf ihrem Dreirad _____. Das geht natürlich nicht,

denn meine Strecke wird von vielen Autos _____.

Von der Brücke aus sehe ich oft den ICE _____.

Er hält bei uns nicht. Aber lange schauen darf ich nicht, denn ich

muss zurzeit eine Baustelle _____. Beim ersten Mal

habe ich mich dabei _____ und kam zu spät.

Verben verbinden sich besonders häufig mit den Vorsilben
ver-, **be-**, **ent-** und **er-**.
ver- + laufen = verlaufen   be- + fahren = befahren
ent- + wässern = entwässern   er- + finden = erfinden

3 Bilde neue Verben mit den Vorsilben **ver-**, **be-**, **ent-** und **er-**.

ver- + sammeln   versammeln   be- + stimmen   _____
        irren   = _____   treten   = _____
        suchen   _____   halten   _____
                  _____   _____

ent- + nehmen   _____   er- + starren   _____
        locken = _____   finden   = _____
        decken   _____   öffnen   _____
                  _____   _____

40 Rechtschreiben: Wörter bilden und schreiben

Aus einem **Nomen** und einem **Adjektiv** kannst du ein neues **Adjektiv** bilden.
der Kampf + stark = kampfstark   die Kirsche + rot = kirschrot

4 Bilde neue Adjektive.

Nomen		Adjektive
~~Welt,~~ Nerven, Sauerstoff, Tod, Himmel, Schnee, Stein, Meter, Haut	+	~~bekannt,~~ freundlich, reich, weiß, müde, blau, stark, hoch, hart

= weltbekannt _____

5 Ergänze passende Adjektive aus Aufgabe 4.

Nach der langen Wanderung war ich _____.

Dieses Shampoo ist besonders _____.

Beim Hochwasser stand das Wasser _____ in den Straßen.

Die Überraschung: Zu Weihnachten war die Welt plötzlich _____.

Aus einem **Adjektiv** und einem **Nomen** kannst du ein neues **Nomen** bilden.
spät + der Sommer = der Spätsommer

6 Bilde neue Nomen.

Adjektive		Nomen
~~voll,~~ privat, groß, kalt, tief, lecker	+	~~das Gas,~~ die Familie, der Besitz, der Punkt, die Front, der Bissen

= mit Vollgas, _____

Aus drei Nomen kannst du ein neues Nomen bilden.
der Fuß + der Ball + das Spiel = das Fußballspiel

7 Bilde zusammengesetzte Nomen. Schreibe sie mit Artikeln auf.
Achtung! Einmal musst du ein **s** einfügen.

das Kreuz + die Fahrt + das Schiff = _____

die Hand + der Ball + das Spiel = _____

das Leben + das Mittel + der Markt = _____

der Winter + der Sport + das Wetter = _____

das Auto + die Bahn + die Polizei = _____

Rechtschreiben: Wörter bilden und schreiben

> Mit den Endungen **-sam** und **-bar** kannst du aus **Verben Adjektive** bilden.
> spar(en) + **-sam** = spar**sam**   dreh(en) + **-bar** = dreh**bar**

8 Bilde Adjektive mit **-sam** und **-bar**.

wirk(en) + _____ = _____   bezahl(en) + _____ = _____

durchführ(en) + _____ = _____   erhol(en) + _____ = _____

einpräg(en) + _____ = _____   hör(en) + _____ = _____

Das kann ich! – Wörter bilden und schreiben

Punkte

1 a. Ergänze den Merksatz.   ☐ /4 Punkte

> Verben verbinden sich besonders häufig mit den Vorsilben _____,
> _____, _____ und _____.

b. Bilde mit jeder Vorsilbe zwei neue Verben mit den Verben vom Rand.   ☐ /8 Punkte

_____

_____

2 Bilde mit den Nomen und Adjektiven vier neue Adjektive.   ☐ /4 Punkte

Zentner	nass
Regen	voll
Liebe	schwach
Nerven	schwer

+ = _____ _____
_____ _____

3 Ergänze jeweils einen fehlenden Baustein.   ☐ /6 Punkte

Adjektive: stein_____, sauerstoff_____

Verben: _____fahren, ent_____, _____stimmen, _____öffnen

4 Bilde zusammengesetzte Nomen.   ☐ /3 Punkte

die Hand	die Tür	das Spiel
das Haus	der Bau	der Schlüssel
der Garten	der Ball	der Betrieb

+ + = _____
_____
_____

5 Bilde Adjektive mit den Endungen **-sam** und **-bar**.   ☐ /4 Punkte

entwickel(n) + _____ = _____   liefer(n) + _____ = _____

wach(en) + _____ = _____   acht(en) + _____ = _____

6 Bilde neue Nomen.   ☐ /4 Punkte

| süß, warm, | die Ware, das Wasser, |
| blau, gelb | der Mann, das Fieber |

+ = _____ _____
_____ _____

Gesamtpunktzahl: ☐ /33 Punkte

Großschreibung

> Aus **Verben** können **Nomen** werden.
> Der Artikel **das** und die Wörter **zum** und **beim** machen's!
> rechnen → **das** Rechnen / **zum** Rechnen / **beim** Rechnen

Ich gehe gerne zum Schwimmen ins Freibad. Das Schwimmen macht mir viel Spaß. Ich schwimme auch gerne mit Freunden zusammen. Beim Schwimmen fühle ich mich wohl und fit. Vielleicht werde ich bald Mitglied in einem Schwimmverein.

1 a. Markiere im Text die Großschreibung von Verben.
b. Schreibe die Großschreibung in die Tabelle.
c. Ergänze die Tabelle mit Großschreibungen der Verben vom Rand.

> lesen, lachen, laufen, sprechen, antworten

das macht's	**zum** macht's	**beim** macht's
das Schwimmen		

> Achtung! Zwischen **das**, **zum** und **beim** und dem Nomen kann ein Adjektiv stehen.
> Die Großschreibung des Verbs bleibt. Das Adjektiv wird natürlich kleingeschrieben.
> das Schreiben → das **gute** Schreiben

Bearbeite die folgenden Aufgaben in deinem Heft.

2 Füge in die Wortgruppen passende Adjektive vom Rand ein.

das Aufstehen	das Parken
das Lesen	das Üben
das Fahren	das Flüstern
das Erzählen	das Schreien

> **Starthilfe**
> das Aufstehen → das frühe Aufstehen
> das Parken → ...

> früh, laut, lang, schnell, spannend, falsch, geduldig, leise

3 Schreibe die Sätze ab und entscheide die Großschreibung.

Ich werde dich beim EINKAUFEN begleiten.
Du kannst mir das LACHEN nicht verbieten.
Ich werde dir beim SCHREIBEN des Briefes helfen.
Endlich war das LANGE WARTEN vorbei.
Wir treffen uns um 15:00 Uhr zum GEMEINSAMEN ÜBEN.

> **Starthilfe**
> Ich werde dich beim Einkaufen begleiten.

> Aus **Verben** und **Adjektiven** können **Nomen** werden.
> Die Endungen **-ung**, **-keit** und **-heit** machen's!
> ahn(en) → die Ahn**ung**   fröhlich → die Fröhlich**keit**
> wahr → die Wahr**heit**

4 Bilde Nomen mit passenden Endungen. Schreibe sie mit Artikeln auf.

erziehen _die Erziehung_   schwierig _____   traurig _____

kreuzen _____   wohnen _____   sicher _____

gesund _____   ernähren _____   klug _____

dankbar _____   tapfer _____   frech _____

5 Ergänze passende Nomen aus Aufgabe 4. Schreibe in dein Heft.

In unserer neuen ■ habe ich ein eigenes Zimmer bekommen.
Auf der ■ kam es zu einem Zusammenstoß.
Mit großer ■ ertrug er die starken Schmerzen nach dem Unfall.
Tu etwas für deine ■, iss mehr Obst und Gemüse!
Ihre ■ war groß, als sie so viel unerwartete Hilfe bekam.

> **Starthilfe**
> In unserer neuen Wohnung habe ich ein eigenes Zimmer bekommen. ...

> Aus **Adjektiven** können **Nomen** werden.
> Die Wörter **etwas**, **nichts** und **viel** machen's!
> neu → **etwas** Neues → **nichts** Neues → **viel** Neues

6 Bilde Nomen!

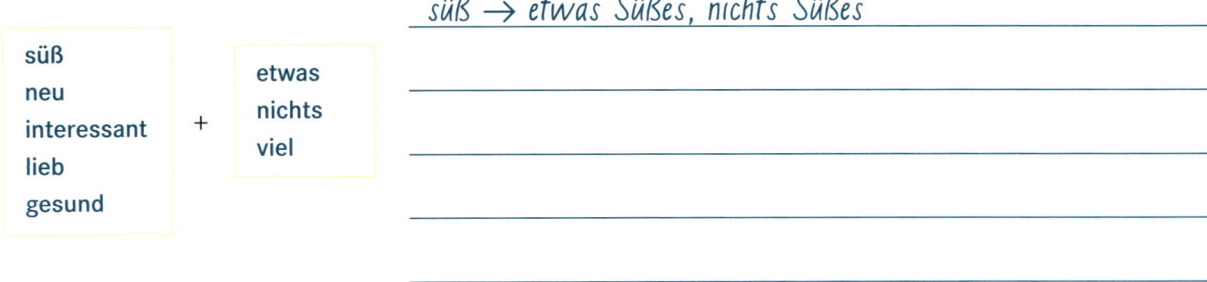

süß → etwas Süßes, nichts Süßes

süß
neu
interessant   +   etwas
lieb   nichts
gesund   viel

7 **a.** Was passt zusammen? Verbinde die Satzteile durch Linien.
b. Schreibe die Sätze in dein Heft.
c. Markiere die Großschreibungen.

> **Starthilfe**
> Etwas Wichtiges habe ich heute in der Zeitung ...

Etwas **Wichtiges** ...   ... erlebte ich in den Ferien.
Viel **Schönes** ...   ... habe ich heute in der Zeitung gelesen.
Nichts **Passendes** ...   ... habe ich heute Nacht geträumt.
Etwas **Wunderbares** ...   ... fanden wir beim Einkaufen in der Stadt.
Viel **Gutes** ...   ... ist mir heute in der Schule passiert.
Etwas **Peinliches** ...   ... wünsche ich mir zum Geburtstag.

Das kann ich! – Großschreibung

1 a. Ergänze den Merksatz.
b. Ergänze drei weitere Beispiele mit den Wörtern vom Rand.

> Aus **Verben** können **Nomen** werden.
> Der Artikel ____ und die Wörter ____ und ____ machen's!

flüstern
schreien
üben

das Laufen, _____, _____, _____

2 a. Ergänze den Merksatz.
b. Ergänze drei weitere Beispiele mit den Wörtern vom Rand.

> Achtung! Zwischen _____, _____ und _____ und dem Nomen kann ein Adjektiv stehen. Die _____ des Verbs bleibt. Das Adjektiv wird natürlich _____.

leise
laut
fleißig

das schnelle Laufen, _____,

_____, _____

3 a. Ergänze den Merksatz.
b. Ergänze drei weitere Beispiele mit den Wörtern vom Rand. Denke an den Artikel.

> Aus **Verben** und **Adjektiven** können **Nomen** werden.
> Die Endungen -____, -____ und -____ machen's!

schön
beschreiben
pünktlich

die Sendung, _____, _____,

_____

4 Schreibe die Sätze in dein Heft und entscheide die Großschreibung.
Achtung! In drei Fällen gibt es keine Großschreibung.

Die PLANUNG und VORBEREITUNG unseres Klassenfestes war endlich zu Ende. Das Fest begann. Beim SPIELEN hatten wir viel Spaß. Etwas BESONDERES hatten wir für den Schluss geplant. Unserer Klassenlehrerin wurden
5 die Augen verbunden und sie musste verschiedene Geräusche erklären, die wir im Klassenraum erzeugten, zum Beispiel das UMKIPPEN eines Stuhls. Mit großer SICHERHEIT erkannte sie die UNTERSCHIEDLICHKEIT der Geräusche. Nur einmal konnte sie nichts ANTWORTEN. Es ging dabei
10 um das ABSICHTLICHE QUIETSCHEN mit Kreide beim MALEN an der Tafel. Natürlich gab es auch etwas LECKERES zum ESSEN und zu TRINKEN.

Punkte

/3 Punkte
/3 Punkte
/5 Punkte
/3 Punkte
/3 Punkte
/3 Punkte
/3 Punkte

Gesamtpunktzahl: /23 Punkte

Rechtschreiben: Großschreibung

Zusammenschreibung, Kleinschreibung

> Wortverbindungen mit **irgend-** werden immer **zusammengeschrieben**.
> irgendetwas, irgendwelche, irgendjemand, irgendwo, irgendwie,
> irgendwoher, irgendein, irgendwann

1 a. Markiere alle Wortverbindungen mit **irgend-**.
b. Schreibe die Wortverbindungen auf die Linien unter dem Text.
Achtung! Die Wortverbindungen werden kleingeschrieben.

Eine Überraschung

„Irgendetwas stimmt hier nicht", dachte wohl unser Klassenlehrer beim Betreten des Klassenraums. Normalerweise ist es nämlich so: Irgendwelche Mitschüler stehen noch zusammen und plaudern. Irgendjemand spielt den Clown und irgendwoher hört man
5 lautes Lachen. Heute jedoch saßen alle still auf ihren Stühlen. Es war mucksmäuschenstill. Irgendwie war es unheimlich. Unser Klassenlehrer war überrascht und sprachlos. Plötzlich piepste es irgendwo und irgendein Mitschüler begann zu kichern. Das wirkte ansteckend. Irgendwann lachte die ganze Klasse.
10 Unser Klassenlehrer meinte schmunzelnd:
„Ein solcher Unterrichtsbeginn gefällt mir."

irgendetwas _____   _____

_____   _____

_____   _____

_____

> Das Wort **beide(n)** wird immer **kleingeschrieben**:
> die **beiden**, euch **beide**, wir **beide**, diese **beiden**

2 Schreibe die Sätze ab und ergänze dabei die Lücken.

Meine Mutter sagte zu uns: „Einer von euch ▇ hat gelogen." _____

Jan sagte zu seinem Freund: „Wir ▇ sind dicke Freunde. Für immer." _____

Marie erklärte ihrem Vater: „Diese ▇ gehören nicht in unsere Klasse." _____

Unser Klassenlehrer stellte fest: „Es waren die ▇ dort, die zu spät kamen." _____

> **Tageszeiten** mit einem **s** am Ende werden immer **kleingeschrieben**.

3 Ergänze die Formen mit **s**.

der Morgen – aber: _morgens_ der Vormittag – aber: _____

der Mittag – aber: _____ der Nachmittag – aber: _____

der Abend – aber: _____ die Nacht – aber: _____

Das kann ich! – Zusammenschreibung, Kleinschreibung

Punkte

1 **a.** Ergänze die Merksätze.
b. Schreibe jeweils zwei Beispiele dazu.

> Das Wort **beide(n)** wird _____.

☐ /1 Punkt

_____ _____

☐ /2 Punkte

> **Tageszeiten** mit einem **s** am Ende werden _____.

☐ /1 Punkt

_____ _____

☐ /2 Punkte

> Wortverbindungen mit **irgend-** werden _____.

☐ /1 Punkt

_____ _____

☐ /2 Punkte

2 Entscheide: **zusammen** oder **getrennt**? **groß** oder **klein**?
Schreibe die Wörter oder Wortgruppen richtig am Rand auf.

☐ /9 Punkte

Geschlüpft!

Irgend/etwas war heute im Baum vor Kerstins Fenster
anders. Darum sah sie nach und entdeckte kleine, nackte
Meisenjunge in ihrem Nest. Sie waren endlich geschlüpft.
Sie rissen die Schnäbel weit auf und machten Krach, wenn
5 die Meiseneltern von irgend/woher unermüdlich Nahrung
herbeischafften. Die b/Beiden waren m/Morgens, m/Mittags
und a/Abends nur damit beschäftigt, irgend/wo Futter
zu suchen, um den Hunger ihrer Kinder zu stillen.
„So war das bei euch b/Beiden, deinem Bruder und dir,
10 auch", schmunzelte die Mutter. „Irgend/jemand hatte
immer Hunger."

_____
_____
_____
_____
_____
_____
_____
_____
_____

Gesamtpunktzahl: ☐ /18 Punkte

Wörter mit ie und langem i

Die folgenden Wörter haben alle ein lang gesprochenes i.

> ~~die Zwiebel~~, liegen, die Biene, das Ziel, das Bier, ~~dir~~, die Ziege, biete, die Wiese, der Brief, die, der Dieb, der Diener, der Dienstag, dieser, mir, vier, viel, verschieden, verlieren, der Igel, fließen, die Fliege, der Frieden, frieren, das Tier, tief, ziehen, der Stiefel, spielen, der Spiegel, sieben, das Kaninchen, gießen, hier, sie, schmieren, schließen, gib, die Schiene, schief, schieben, der Riese, riechen, piepen, das Papier, niemand, nieder, nie, fliehen, wir, liegen, das Lied, lieb

1 Sortiere die Wörter nach der Schreibweise des **langen i** in die Tabelle.
Denke bei den Nomen an die Artikel.

Wörter mit i ohne e	Wörter mit ie
dir	die Zwiebel

2 Was kannst du anhand der Tabelle erkennen?
Ergänze die beiden Merksätze.

Sehr häufig wird das **lang gesprochene i** als ____ geschrieben.

Eher selten wird das **lang gesprochene i** als ____ geschrieben.

Deine Entdeckung ist kein Zufall.
Auch wenn du alle Wörter mit lang gesprochenem i sortierst,
gibt es bei der Verteilung der Wörter kein anderes Ergebnis.

Die Wörter, die nur mit einem **i** geschrieben werden, sind Merkwörter. Häufiges Schreiben hilft dir, sie dir zu merken.

3 Ordne die Wörter aus der Tabelle, die nur mit **i** geschrieben werden, nach dem Alphabet. Denke bei den Nomen an die Artikel.

dir, _____

_____

4 Schreibe passende Wörter mit **i** in die Lücken.

Meine Eltern drücken ___mir___ die Daumen. _____ uns bitte den Ball zurück! Ich schenke _____ ein Buch. _____ schreiben morgen eine Klassenarbeit. In unserem Garten entdeckte ich einen _____ und ein _____.

5 Ergänze das **i**.

d_i_r, g___b, der ___gel, das Kan___nchen, m___r, w___r

6 Schreibe die Wörter **nur mit i** zweimal auswendig auf. Nicht abschreiben!

_____

_____

Das kann ich! – Wörter mit ie und langem i

| Punkte |

1 Ergänze die Merksätze.

_____ _____ wird das **lang gesprochene i** als **ie** geschrieben.

_____ _____ wird das **lang gesprochene i** als **i** geschrieben.

☐ /4 Punkte

2 Schreibe sechs Wörter auf, die nur mit **i** geschrieben werden. Denke bei den Nomen an die Artikel.

_____ _____ _____

_____ _____ _____

☐ /6 Punkte

3 a. Vier Wörter sind falsch geschrieben. Streiche sie durch.
   b. Schreibe die vier Wörter richtig am Rand auf.

die Wiese, der Brief, der Dieb, der Diener, dieser, gieb, vier, viel, die Fliege, der Frieden, frieren, das Tier, tief, dier, ziehen, der Stiefel, spielen, der Spiegel, sieben, gießen, hir, sie, schließen, schief, der Riese, riechen, das Papier, niemand, wieder, das Kanienchen

Achtung: Fehler!

_____
_____
_____
_____

☐ /4 Punkte

Gesamtpunktzahl: ☐ /14 Punkte

Rechtschreiben: **Wörter mit ie und langem i**   49

Wörter ohne h und mit h

> In den meisten Wörtern steht **kein h** nach einem
> **lang gesprochenen Vokal (a, e, o, u)** oder **Umlaut (ä, ö, ü)**.
>
> das T**o**r   die T**ü**r
> ↑   ↑
> langer Vokal   langer Umlaut

die Blume   der Bär   die Dame   das Gras   der Faden   grün   hören   holen   (sie) kamen   die Krone   spüren   der Monat   nun   die Not   der Schal   schön   dem   die Schule   sparen   stören   (sie) waren   wenig   spät   schwer   nämlich   der Flur   wem   gut   tun   müde

1   a. Lies die Wörter langsam und deutlich.
     b. Markiere den ersten, lang gesprochenen Vokal oder Umlaut mit Blau.

2   a. Sortiere die Wörter nach ihrem ersten Vokal oder Umlaut
       in die Tabelle ein. Denke bei den Nomen an die Artikel.
    b. Markiere den lang gesprochenen Vokal oder Umlaut mit Blau.

Wörter mit a/ä	Wörter mit o/ö	Wörter mit u/ü	Wörter mit e
der Bär		die Blume	

3   a. Markiere im Text neun Wörter aus der Tabelle.
     b. Schreibe die markierten Wörter auf die Linien unter dem Text.

Urlaubsabenteuer in den Alpen

Melinda saß mit ihren Eltern und ihrem Bruder beim Picknick
im grünen Gras. Sie waren etwas müde vom Wandern und hatten alle
schwere Beine. Da fragte der Vater plötzlich: „Könnt ihr das hören?"
Melinda fragte: „Was?" und der Vater flüsterte: „Ich kann spüren,
wie der Boden bebt. Ob wir hier einen Bär stören?" Melinda und
ihrem Bruder blieb der Bissen im Hals stecken.

4 Ergänze im Text passende Wörter aus der Tabelle von Seite 50.

Akim und Sarah treffen sich jeden Morgen auf dem **Weg**

zur _____ . Sarah ist oft noch sehr _____ .

Akim trägt dann für sie die _____ Tasche. Über

den _____ **Rasen** des Parks laufen sie immer gemeinsam.

5 Eigentlich müsste man sagen „durch den Rasen", denn das _____

ist dort lange nicht gemäht worden. In der _____ eines Baums

nistet ein **großer Vogel**. Sarah und Akim kennen seinen **Namen** nicht.

Sie finden es aber jedes **Mal** _____, wenn sie ihn fliegen

sehen. Meistens müssen sie danach rennen – dann ist es

10 _____ oft schon etwas zu _____ .

5 a. Sortiere die Wörter aus Aufgabe 1 in eine zweite Tabelle
nach Nomen, Verben und sonstigen Wörtern.
Denke bei den Nomen an die Artikel.
b. Ergänze die blau hervorgehobenen Wörter aus Aufgabe 4.

Nomen mit Artikeln	Verben	sonstige Wörter
die Blume,	hören,	grün,

W 6 Bilde mit den drei Wörtern jeweils einen Satz.

Dame – grün – Schal

_____

(sie) kamen – spät – Schule

_____

Rechtschreiben: **Wörter ohne h und mit h**

Einige **wenige Wörter** werden nach lang gesprochenen Vokalen (a, e, o, u) oder Umlauten (ä, ö, ü) **mit h** geschrieben.
Sie behalten das **h in allen Wortformen** der Wortfamilie.
Einmal h – immer h!

z**äh**len	bez**ah**len	die Z**ah**l	z**äh**lbar
↑	↑	↑	↑
langer Umlaut	langer Vokal	langer Vokal	langer Umlaut

w**äh**len – erwählen – die Wahl – wählbar
fahren – befahren – die Fahrt – fahrtüchtig
zählen – bezahlen – die Zahl – zählbar

wohnen – bewohnen – die Wohnung – wohnlich
fühlen – anfühlen – das Gefühl – fühlbar
kehren – verkehren – der Verkehr – verkehrstüchtig

7 a. Markiere den lang gesprochenen Vokal oder Umlaut und das **h** mit Rot.
b. Sortiere die blauen Wörter aus den Wortreihen in die Tabelle ein.

Verben mit Vorsilben	Nomen mit Artikeln	Adjektive
erwählen,		
		sonstige Wörter

8 Sortiere auch diese Wörter mit **h** in die Tabelle von Aufgabe 7 ein.

ehrlich   die Gefahr   sehr   berühmt   ohne   anführen   die Uhr
beruhigt   der Fehler   belohnen   das Jahr   gefährlich

9 a. Ergänze passende Wörter aus deiner Tabelle.
b. Markiere den lang gesprochenen Vokal und das **h** mit Rot.

Eine wichtige Überprüfung

Vor jeder längeren ___F**ah**rt___ mit unserem Auto überprüft

mein Vater, ob es auch wirklich _____ ist. Er sagt:

„So bin ich _____ und habe ein gutes _____ .

Denn Reifen _____ ausreichendes Profil sind eine _____,

weil der Bremsweg auf regennasser Fahrbahn dadurch länger wird."

52 Rechtschreiben: Wörter ohne h und mit h

Z 10 **a.** Ergänze die Wortreihen mit Wörtern von Seite 52.
b. Markiere das **h** nach dem lang gesprochenen Vokal mit Rot.

fa**h**ren – _____ – die Fahrt – fahrtüchtig

_____ – anfühlen – _____ – _____

_____ – verkehren – _____ – _____

Z 11 Ergänze den Text mit Wörtern von Seite 52. Schreibe in dein Heft.

Die Sportlerin des Jahres
In einer Fernsehsendung wurde die ■ zur Sportlerin des ■ gezeigt. Das Ergebnis hat mich – ■ gesagt – ■ überrascht. Es siegte eine mir unbekannte Gewichtheberin – nicht der ■ Frauenfußballstar.

Das kann ich! – Wörter ohne h und mit h

1 **a.** Ergänze die Merksätze.
b. Ergänze zu jedem Merksatz drei Beispielwörter.

> In den meisten Wörtern steht _____ __ nach einem
>
> **lang gesprochenen Vokal (a, e, o, u)** oder **Umlaut (ä, ö, ü)**.

_____   _____   _____   _____

> Einige **wenige Wörter** werden nach lang gesprochenen Vokalen (a, e, o, u) oder Umlauten (ä, ö, ü) **mit h** geschrieben.
>
> Sie behalten das __ _____ _____ _____
>
> der Wortfamilie. Einmal h – immer h!

_____   _____   _____   _____

2 In der Wörterliste rechts gibt es vier Fehler.
a. Streiche in zwei Wörtern das **h**.
b. Ergänze in zwei Wörtern ein **h**.
c. Schreibe die vier Wörter richtig auf.

Achtung: Fehler!

das Gras, der Faden, grün, holen, (sie) kahmen, die Krone, der Monat, ehrlich, die Gefahr, ser, die Schule, nun, die Not, (sie) waren, nähmlich, wem, die Zahl, die Wahl, fühlbar, schön, gut, der Verker, fahren

_____
_____
_____
_____

3 Schreibe die Wörterliste in dein Heft und markiere die verbesserten Wörter.

Punkte

☐ /5 Punkte

☐ /7 Punkte

☐ /4 Punkte

☐ /6 Punkte

Gesamtpunktzahl: ☐ /22 Punkte

Rechtschreiben: **Wörter ohne h und mit h**

dass-Sätze

> Nach Verben des Sagens, Denkens und Meinens folgen oft **dass**-Sätze. Der **dass**-Satz wird durch **Komma** vom Hauptsatz abgetrennt.
> Ich hoffe sehr, **dass** so etwas nicht noch einmal vorkommt.

1
a. Kreise **dass** ein und setze das Komma.
b. Kennzeichne das Komma mit einem Pfeil.
c. Unterstreiche die dass-Sätze.

Ich freue mich, (dass) du morgen kommst.

Sie glaubt dass sie genug geübt hat.

Ich bin mir sicher dass ich nichts vergessen habe.

Enttäuscht sagte er dass man ihn nicht eingeladen hat.

Wir wünschen dir dass du den Wettkampf gewinnst.

Ich habe das Gefühl dass du nicht die Wahrheit gesagt hast.

2
a. Ergänze die Satzanfänge mit passenden **dass**-Sätzen.
b. Markiere das Komma mit Blau und kreise **dass** ein.

Sie glaubt daran, (dass) sie den Wettkampf gewinnen kann.

Ich weiß genau, dass _____

Es tut mir leid, _____

Ich denke, _____

3
a. Ergänze Satzanfänge, die zu den **dass**-Sätzen passen. Denke an das Komma!
b. Markiere das Komma mit Blau und kreise **dass** ein.

Ich nehme an, (dass) du mir vertraust.

_____ dass die Zeit knapp wird.

_____ dass ich bestimmt versetzt werde.

4
a. Schreibe mit den Verben vom Rand **dass**-Sätze in dein Heft.
b. Markiere das Komma mit Blau und kreise **dass** ein.

sich freuen
vermuten
leidtun

Starthilfe
Ich vermute, (dass) Ina später kommt.

5 Besonders oft kommen **dass**-Sätze in Briefen und auf Postkarten vor.
   a. Schreibe den Text von der Karte in dein Heft.
   b. Unterstreiche die **dass**-Sätze (Nebensätze).
   c. Markiere das Komma mit Blau und kreise **dass** ein.

Liebe Oma, lieber Opa!

Herzlichen Dank für das tolle Geschenk. Ich habe mich sehr gefreut, dass ihr meinen großen Wunsch erfüllt habt. Schade, dass ihr beide nicht kommen konntet. Ich denke aber, dass wir am Wochenende eine Geburtstagsnachfeier machen könnten. Ich verspreche, dass die Torte besonders groß sein wird. Klar ist, dass ich noch mit Mama und Papa sprechen muss. Ich denke aber, dass es klappen wird. Ich melde mich noch einmal.

Euer Jan

Das kann ich! – dass-Sätze

1 Ergänze die beiden folgenden Sätze.

Vor dem Wort **dass** steht immer ein _____ .

In Briefen und auf Postkarten kommen oft _____ vor.

/2 Punkte

2 a. Ergänze die folgenden Satzanfänge. Verwende **dass**-Sätze.
   b. Markiere das Komma mit Blau und kreise **dass** ein.

Ich denke _____

Ich weiß _____

Ich wünsche mir _____

/9 Punkte

3 Die folgende Postkarte enthält zwei Rechtschreib- und zwei Zeichensetzungsfehler.
   a. Ergänze die Kommas im Text.
   b. Streiche die falsch geschriebenen Wörter durch.
   c. Schreibe den Text in dein Heft.
      Markiere die verbesserten Stellen.

Achtung: Fehler!

Hi, Sophie,

herzliche Grüße aus Köln. Ich hoffe, dass es dir gut geht. Mir geht es sehr gut. Gestern haben wir den Kölner Dom bestiegen. Ich muss sagen, das der wirklich groß ist. Ich freue mich dass wir heute Nachmittag eine Schiffsfahrt auf dem Rhein machen. Der Rhein ist riesig. Ich glaube das ich diese Klassenfahrt nie vergessen werde.
In drei Tagen bin ich wieder zu Hause.

Ciao Marie

/2 Punkte
/2 Punkte
/5 Punkte

Gesamtpunktzahl: ___ /20 Punkte

Rechtschreiben: dass-Sätze   55

Zeichensetzung

> Nomen, Verben und Adjektive kann man aufzählen.
> Die Wörter einer **Aufzählung** trennt man durch Kommas
> voneinander. Ausnahme: Kein Komma vor **und** oder **oder**:
> Ich esse am liebsten Erdbeereis**,** Schokoladeneis **oder** Nusseis.
> Ich schwimme**,** wandere **und** jogge gerne.
> Ich liebe grüne**,** rote **und** blaue Farben.

1 Markiere die Kommas mit Rot.

Meine Wünsche

Ich wünsche mir in unserer Stadt ein großes**,** modernes und billiges Spaßbad.

Ich wünsche mir zum Geburtstag einen Fußball, ein Buch oder eine Hose.

Ich möchte in den Ferien spielen, rennen, klettern und schlafen.

2 a. Setze in den Aufzählungen die fehlenden Kommas.
b. Markiere die Aufzählungen mit Blau.
c. Markiere deine Kommas mit Rot.

Artemis wünscht sich, mit ihren Freundinnen Marie , Sophie Steffi und Tanja zusammen in die Ferien zu fahren.
José möchte mit seinen Freunden Akim Jakob Lukas und Paolo zusammen in einer Mannschaft spielen.

3 Ergänze die Sätze durch Aufzählungen.
Du kannst die Nomen, Verben oder Adjektive vom Rand verwenden.
Denke an die Kommas.

Sport	lustig
Musik	interessant
Deutsch	langweilig
Englisch	spannend
Religion	lehrreich
	still

Schulalltag

Heute stehen die Fächer _Sport, Musik_

und _____ auf meinem Stundenplan.

Manchmal ist der Unterricht _____

oder _____ .

In den Pausen _____

und _____ wir auf dem Schulhof.

| bummeln |
| laufen |
| rennen |
| sitzen |
| essen |
| trinken |

Vor einer Klassenarbeit sind manche Schüler _____

_____ oder _____ .

| nervös |
| ängstlich |
| zappelig |

Z 4 Bilde zwei eigene Sätze mit Aufzählungen: einen Satz mit Nomen und einen Satz mit Verben oder mit Adjektiven.

_____

_____

_____

_____

> **Anreden** und **Ausrufe** werden durch ein **Komma** vom folgenden Satz getrennt.
> Leise flüsterte Jan: „**Maria,** ich mag dich."
>   Anrede
>
> Der Junge auf dem Baum rief: „**Hilfe,** ich komme nicht wieder runter!"
>   Ausruf

5 **a.** Setze die fehlenden Kommas nach der Anrede oder dem Ausruf.
b. Markiere Anrede oder Ausruf mit Blau.

Toll dass du endlich da bist!

Liebe Gäste das Essen ist fertig.

Halt da kommt ein Auto!

Liebe Mutter ich möchte mehr Taschengeld bekommen.

Aua du hast mich verletzt!

Verehrte Besucher hiermit eröffne ich die Ausstellung.

In Texten stehen Anreden und Ausrufe oft in der wörtlichen Rede.

Z 6 **a.** Markiere das Komma vor oder nach der Anrede mit Rot.
b. Markiere die Anrede mit Blau.
c. Markiere das Komma vor dem Redebegleitsatz mit Gelb.

„Fiffi , komm hierher!", rief die Dame. „Aus, Pluto!", rief der Mann.

„Fiffi ist noch sehr jung, Herr Maier", entschuldigte sich die Dame.

„Pluto war am Anfang genauso, Frau Köhler", beruhigte er sie.

Z 7 Ergänze in den folgenden Sätzen Anreden oder Ausrufe. Denke an die Kommas.

„_____ ich freue mich, dass Sie heute Abend hier

sind" begrüßte der Klassenlehrer die anwesenden Mütter und Väter.

„_____ das Wasser ist zu heiß" schrie Lena ihre

Schwester an, die ihr die Haare wusch.

Rechtschreiben: Zeichensetzung

> Beginnt ein Satz mit **als**, folgt häufig etwas später ein **Komma**.
> Das **Komma** steht **zwischen zwei Verben**.
> **Als** ich dich **sah, freute** ich mich sehr.
>   Verb   Verb

8 **a.** Kreise in den Sätzen das Wort **als** ein.
   b. Setze das Komma zwischen die Verben.
   c. Markiere die beiden Verben – jedes einzeln.

(Als) ich an der Ampel stand , wurde ich Zeuge eines Auffahrunfalls.

Als wir uns endlich wiedersahen   war die Freude riesig groß.

Als ich den Schulhof betrat   klingelte es bereits.

Als er nach Hause kam   stand das Essen schon auf dem Tisch.

> Beginnt ein Satz mit **weil** oder **wenn**, folgt häufig etwas später
> ein **Komma**. Das **Komma** steht **zwischen zwei Verben**.
> **Weil** es schon spät **ist, gehe** ich jetzt nach Hause.
>   Verb   Verb
>
> **Wenn** ich Ferien **habe, schlafe** ich morgens lange.
>   Verb   Verb

9 **a.** Kreise in den Sätzen die Wörter **weil** oder **wenn** ein.
   b. Setze das Komma zwischen die Verben.
   c. Markiere die beiden Verben – jedes einzeln.

(Wenn) ich den Bus verpasse   komme ich zu spät zur Schule.

Weil er Fieber hat   muss er heute das Bett hüten.

Wenn ich Ferien habe   schlafe ich morgens länger.

Weil ich dich mag   möchte ich dich heute Nachmittag wiedersehen.

10 **a.** Schreibe die Sätze aus Aufgabe 9 ab. Denke an das Komma.
   b. Kreise die Wörter **weil** oder **wenn** ein.
   c. Markiere die beiden Verben – jedes einzeln.

_____

_____

_____

_____

W **11** Schreibe selbst jeweils einen Satz mit als, weil und wenn in dein Heft.
     Denke an das Komma zwischen den Verben.

58 Rechtschreiben: Zeichensetzung

Das kann ich! – Zeichensetzung

1 **a.** Ergänze die Merksätze.
b. Schreibe zu jedem Merksatz einen Beispielsatz auf.

> Die Wörter einer **Aufzählung** _____ man durch _____ voneinander.
> Ausnahme: Kein Komma vor _____ oder **oder**.

_____

> _____ und **Ausruf** werden durch ein _____ vom folgenden
> _____ getrennt.

_____

> Beginnt ein Satz mit **als**, _____ häufig etwas später _____ _____ .
> Das **Komma** steht **zwischen zwei** _____ .

_____

> Beginnt ein Satz mit _____ oder **wenn**, folgt häufig etwas später ein
> _____ . Das _____ steht _____ **zwei Verben**.

_____

2 Setze die fehlenden Kommas bei **Anrede** und **Ausruf** und in den **als-**, **weil-** oder **wenn-Sätzen**.
Tipp: Du musst acht Kommas setzen.

Der kleine Igel

Als ich Anfang März zufällig in unseren Garten schaute   entdeckte ich mitten auf dem Rasen einen kleinen Igel. Weil ich neugierig wurde   lief ich hinaus. Als ich in seine Nähe kam   rollte er sich blitzschnell ein. Nach einer Weile lief er munter weiter und begann,
5 irgendetwas zu fressen. Ich lief zurück ins Haus und rief: „Mutti   hast du einen Apfel   eine Banane oder eine Kirsche für mich?" Ich dachte nämlich: „Wenn er Hunger hat   freut er sich über diese Nahrung!" Als ich wieder in den Garten kam   huschte der Igel gerade durch ein Loch im Zaun in den Nachbargarten. „Schade
10 nun ist er weg!", rief ich meiner Schwester zu, die auch in den Garten gekommen war.

Achtung: Fehler!

Punkte

/3 Punkte
/2 Punkte
/3 Punkte
/2 Punkte
/4 Punkte
/2 Punkte
/4 Punkte
/2 Punkte
/8 Punkte

Gesamtpunktzahl: /30 Punkte

Wortart: Nomen

> **Nomen** bezeichnen Lebewesen (Menschen, Tiere, Pflanzen), Gegenstände und gedachte oder vorgestellte Dinge.
> **Nomen schreibt man** im Deutschen immer **groß**.
> Vor Nomen steht oft ein bestimmter Artikel (der, das, die) oder ein unbestimmter Artikel (ein, ein, eine).

Jan liest nach, was er bei der Pflege seiner Kaninchen beachten muss.

Das Zwergkaninchen als Haustier

Für die neuen Haustiere braucht man einen geräumigen Käfig. Im Sommer freuen sich die Kaninchen über ein Freigehege im Garten. Man muss sie dort aber im Auge behalten: Der Fuchs, der Hund, die Katze und die großen Vögel sind die Feinde
5 des Kaninchens und bedeuten Gefahr. Wenn es im Haus genug Platz gibt, verbringen die Kaninchen den Winter im beheizten Zimmer. Für den Aufenthalt auf dem Balkon sind wichtige Tipps zu beachten. Bereits im Frühjahr müssen sich die Kaninchen daran gewöhnen, draußen zu leben. Nur dann bekommen sie ein dickes Fell, das sie
10 im Winter bei Eis und Schnee vor der Kälte schützt. Die Kaninchen sollten dann allerdings auf keinen Fall ins Haus geholt werden. Kommen sie anschließend in die kalte Winterluft, können Erkältungen die Folge sein. Bei Anzeichen für eine Krankheit sollte man mit den Kaninchen unbedingt sofort zum Tierarzt gehen!

1 a. Markiere alle Nomen (auch die schwarz gedruckten) mit Gelb.
b. Kreise die Nomen, die im Plural stehen, zusätzlich ein: ⬭

2 a. Schreibe die Nomen im Singular mit den bestimmten Artikeln (der, das, die) in die richtige Spalte der Tabelle.
b. Ordne auch die Nomen vom Rand mit Artikeln in die Tabelle ein.

Vogel, Feind, Liebling, Tipp, Erkältung, Anzeichen

der	das	die
der Käfig,	das Zwergkaninchen,	die Katze,
	das Haustier,	

> Mit **Nomen**, **Verben** und **Adjektiven** kannst du neue **Nomen** bilden.
> die Welt + das Klima = das Weltklima
> überhol(en) + die Spur = die Überholspur
> grün + der Specht = der Grünspecht
> Der **Artikel** des zusammengesetzten Nomens richtet sich
> nach dem letzten Bestandteil (Grundwort).

mehr zusammengesetzte Nomen auf den Seiten 39–40

3 Bilde möglichst viele zusammengesetzte Nomen mit dem Wort **Tier**.
Schreibe sie mit den bestimmten Artikeln in dein Heft.
Einmal musst du ein **s** einfügen.

Starthilfe
Zusammengesetzte Nomen
das Tier + der Park = der Tierpark

4 a. Finde die Singularformen zu den folgenden Nomen im Plural.
Schreibe sie mit den bestimmten Artikeln (der, das, die) auf.
Tipp: Schlage im Wörterbuch nach, wenn du unsicher bist.
b. Markiere bei den Nomen im Plural die Endung.

die Haustier**e**	*das Haustier*	die Augen	_____
die Kaninchen	_____	die Hunde	_____
die Feinde	_____	die Katzen	_____
die Erkältungen	_____	die Zimmer	_____
die Tipps	_____	die Häuschen	_____
die Käfige	_____	die Krankheiten	_____

5 Ordne die Nomen im Plural aus Aufgabe 4 nach ihren Endungen.
Schreibe sie mit Artikel (die) in eine Tabelle in deinem Heft.
Markiere die Endungen.

Starthilfe

Nomen im Plural mit verschiedenen Endungen				
Pluralendung -e	Pluralendung -(e)n	Pluralendung -er	Pluralendung -s	keine Pluralendung
die Haustier**e** …	…	…	…	…

Z 6 a. Bilde die Pluralformen zu den Nomen im Kasten „A".
Ordne die Pluralformen in deine Tabelle zu Aufgabe 5 ein.
b. Bilde die Pluralformen zu den Nomen im Kasten „B".
Ordne auch diese besonderen Pluralformen in deine Tabelle ein.
c. Markiere die Veränderungen im Plural.
Tipp: Schlage im Wörterbuch nach, wenn du unsicher bist.

A: das Anzeichen, der Winter, die Zoohandlung, der Abend, der Sommer, die Gefahr, das Freigehege, das Frühjahr, die Folge, der Tag, das Fell

B: der Vogel, das Buch, der Fuchs, das Haus, der Fall, der Tierarzt, der Garten, die Mutter (Person)

Starthilfe
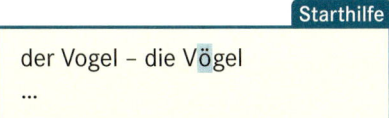
der Vogel – die Vögel
…

Grammatik: Wortart – Nomen

Wortart: Adjektiv

> Mit **Adjektiven** kann man Personen, Tiere oder Gegenstände genauer beschreiben: ein langes Kleid, eine nette Lehrerin.

1 Ergänze passende Adjektive vom Rand.

Kaninchen werden ungefähr 35–40 cm _____. Ihre Ohren sind nicht sehr _____, nur etwa 6–8 cm. Kaninchen sind 1–2 kg _____ und werden bis zu 8 Jahre _____.

Kaninchen sind _____ und haben wenig Angst vor Menschen. Auch mit Artgenossen sind sie sehr _____.

*groß
zutraulich
lang
schwer
alt
gesellig*

> Will man Gegenstände, Tiere, Menschen … miteinander vergleichen, kann man **gesteigerte Adjektive** verwenden.
>
> | Grundform | Komparativ | Superlativ |
> |---|---|---|
> | groß | größer (als) | am größten |

2 Ergänze passende Adjektive im Komparativ.
Lies dazu den Steckbrief des Hasen am Rand.
Meistens musst du außerdem **als** ergänzen.

Hasen werden mit 60–70 cm _größer_ _als_ Kaninchen und ihre Ohren (Löffel) sind _____. Sie sind mit ihren 5–7 kg deutlich _____ _____ Kaninchen. Hasen werden auch _____ _____ Kaninchen: bis zu 12 Jahre alt. Hasen sind scheu und einzelgängerisch – also nicht gesellig. Kaninchen sind viel _____ _____ Hasen.

Der Hase
Körpergröße: 60–70 cm
Löffel: 11–14 cm lang
Gewicht: 5–7 kg schwer
maximales Alter: 12 Jahre
scheu
einzelgängerisch

Mit dem Superlativ kannst du beschreiben, wie sich Zwergkaninchen von Hasen und Kaninchen unterscheiden.

3 Ergänze passende Adjektive im Superlativ mit **am**.

Mit nur 22–28 cm Körpergröße sind Zwergkaninchen _am_ _kleinsten_.

Auch ihre Ohren sind _____ _____, sie sind nur 4–5 cm lang.

Sie wiegen nur 250–450 g und sind damit _____ _____.

4 Lege in deinem Heft eine Tabelle an.
Ergänze die Adjektive aus den Aufgaben 1–3 in der Grundform, im Komparativ und im Superlativ.

Starthilfe

Steigerung von Adjektiven		
Grundform	Komparativ	Superlativ
groß	größer (als)	am größten
lang	…	…
…		

Die vier Fälle

Nomen und Wortgruppen mit Nomen können in **verschiedenen Fällen** (Kasus) stehen. Man kann nach dem Fall, in dem ein Nomen steht, fragen. Im Deutschen gibt es vier Fälle:

Fälle	Fragen	
Nominativ (1. Fall)	**Wer?** oder **Was?**	Das Meerschweinchen ist klein.
Genitiv (2. Fall)	**Wessen?**	Das Fell des Hundes ist weich.
Dativ (3. Fall)	**Wem?**	Der Katze gebe ich Futter.
Akkusativ (4. Fall)	**Wen?** oder **Was?**	Ich nehme den Hund mit.

1 a. Ergänze die Artikel vom Rand im **Nominativ** oder im **Akkusativ**. Frage mit **Wer?** oder **Was?** und **Wen?** oder **Was?**
b. **Nominativ** oder **Akkusativ**? Ergänze in Klammern jeweils den Fall.
c. Kreise die Artikel, die sich im Akkusativ und im Nominativ unterscheiden, ein.

Bestimmter Artikel

Nominativ	der	das	die
Akkusativ	den	das	die

Er ruft (den) Esel (_Akkusativ_). _____ Esel (_____) hört nicht. _____ **Pferd** (_____) galoppiert. Er reitet _____ Pferd (_____). Sie streichelt _____ Katze (_____). _____ **Katze** (_____) genießt das.

2 a. Ergänze die Artikel vom Rand im **Genitiv** oder im **Dativ**. Frage mit **Wessen?** und **Wem?**
b. **Genitiv** oder **Dativ**? Ergänze in Klammern jeweils den Fall.

Bestimmter Artikel

Genitiv	des	des	der
Dativ	dem	dem	der

Das Fell _des_ Esels (_Genitiv_) ist grau. Er gibt _____ Esel (_____) Futter. Sie gibt _____ Katze (_____) Katzenfutter. Der Schwanz _____ Katze (_____) ist lang. Der Schweif _____ Pferdes (_____) ist schwarz. Er gibt _____ Pferd (_____) einen Apfel.

3 Ordne die farbigen Nomen aus Aufgabe 1 und 2 mit den **bestimmten Artikeln** in eine Tabelle in deinem Heft ein.

Starthilfe

Bestimmter Artikel und Nomen			
	der	das	die
Nominativ	der Esel	das …	…
Genitiv	des Esels		
Dativ	…		
Akkusativ			

Grammatik: Die vier Fälle

4 **a.** Stelle den Fall der blauen Wortgruppen in den folgenden Sätzen mit Hilfe der Fragen von Seite 63 fest.
Schreibe den Fall jeweils in die Klammer hinter den drei Nomen.
b. Markiere die unbestimmten Artikel vor den Nomen.
c. Ordne die unbestimmten Artikel in die Tabellen am Rand ein.

Ich hätte gerne einen Esel, ein Pferd oder eine Katze (_Akkusativ_). Einem Esel, einer Katze oder einem Pferd (_____) würde ich Futter geben. Eine Katze, ein Esel oder ein Pferd (_____) muss Auslauf haben. Denn der Körper eines Esels, einer Katze oder eines Pferdes (_____) braucht viel Bewegung.

Unbestimmter Artikel			
	ein	ein	eine
Nominativ			
Genitiv			
Dativ			
Akkusativ			

5 Ordne die Nomen mit **unbestimmten Artikeln** in eine weitere Tabelle im Heft ein.
Beachte wieder die Reihenfolge der Fälle.

Starthilfe

Unbestimmter Artikel und Nomen			
	ein	ein	eine
Nominativ	ein Esel	ein …	…
…	…		

Z 6 Welche Endungen haben männliche und sächliche Nomen im Genitiv?
a. Markiere diese Endungen in deinen Tabellen aus den Aufgaben 3 und 5.
b. Ergänze den folgenden Satz.

Männliche und sächliche Nomen im Singular mit den Endungen _____ und _____ stehen im Genitiv und haben davor oft den Artikel **des** oder _____ .

Achtung!
Männliche (der) und sächliche (das) Nomen im Singular haben im **Genitiv** die **Endungen -es** oder **-s**:
der Fluss, des Flusses
der Esel, des Esels,
das Haus, des Hauses,
das Leben, des Lebens

Auch Adjektive haben verschiedene Endungen in den Fällen.

7 Markiere die blauen Wortgruppen im Nominativ mit Gelb, im Genitiv mit Rot, im Dativ mit Grün und im Akkusativ mit Blau.
Tipp: Achte auf die Artikel und wende die W-Fragen von Seite 63 an.

Er ruft den störrischen Esel. Der störrische Esel hört nicht. Er gibt dem störrischen Esel Futter. Das Fell des störrischen Esels ist grau. Er reitet das kräftige Pferd. Das kräftige Pferd galoppiert. Der Schweif des kräftigen Pferdes ist schwarz. Er gibt dem kräftigen Pferd einen Apfel. Sie streichelt die niedliche Katze. Die niedliche Katze genießt es. Sie gibt der niedlichen Katze Futter. Der Schwanz der niedlichen Katze ist lang.

8 a. Lege in deinem Heft eine Tabelle an. Ordne die Wortgruppen in die Tabelle ein.
b. Markiere die Endungen der Adjektive.

Starthilfe

Bestimmter Artikel, Adjektiv und Nomen			
	der	das	die
Nominativ	der störrische Esel	das …	…
…	…		

64 Grammatik: Die vier Fälle

9 Markiere die blauen Wortgruppen im Nominativ mit Gelb, im Genitiv mit Rot, im Dativ mit Grün und im Akkusativ mit Blau.
Tipp: Achte auf die Artikel und wende die W-Fragen von Seite 63 an.

Ich hätte gerne einen störrischen Esel, ein kräftiges Pferd oder eine niedliche Katze. Einem störrischen Esel, einer niedlichen Katze oder einem kräftigen Pferd würde ich Futter geben. Eine niedliche Katze, ein störrischer Esel oder ein kräftiges Pferd muss Auslauf haben. Denn der Körper eines störrischen Esels, einer niedlichen Katze oder eines kräftigen Pferdes braucht viel Bewegung.

10 a. Ordne die Wortgruppen in eine Tabelle wie in Aufgabe 8 ein.
b. Markiere die Endungen der Adjektive.
c. Vergleiche die neue Tabelle mit der Tabelle aus Aufgabe 8. Wo unterscheiden sich die Adjektivendungen? Kreise Unterschiede ein.

Starthilfe

Unbestimmter Artikel, Adjektiv und Nomen			
	ein	ein	eine
Nominativ	ein störrisch(er) Esel	ein …	…
…	…		

Z 11 a. Ersetze in den Texten aus den Aufgaben 8 und 9 die Adjektive mit den Adjektiven vom Rand. Schreibe in dein Heft.
b. Markiere die Artikel und die Endungen.

brav, weiß, struppig

Starthilfe
Er ruft den braven Esel. …

Die vier Fälle gibt es auch im Plural.

7 12 Erfrage bei allen blauen Wortgruppen mit Nomen den Fall. Markiere diese Wortgruppen im Nominativ mit Gelb, im Genitiv mit Rot, im Dativ mit Grün und im Akkusativ mit Blau.

Die braven Esel trafen auf die struppigen Katzen, die gerade arme Mäuse jagten. Die Mäuse versteckten sich bei den braven Eseln und bei den weißen Pferden. Die weißen Pferde fraßen verschiedene Gräser auf
5 den weiten Wiesen. Die stacheligen Disteln sind nur für die braven Esel ein Leckerbissen. Und die leckeren Mäuse gehören eigentlich den struppigen Katzen. Die struppigen Katzen bräuchten ein paar Tipps, wie sie zwischen den Hufen der braven Esel und der weißen Pferde an ihre Beute kommen. Immerhin sind sie
10 das Lieblingsessen der struppigen Katzen! Aber die weißen Pferde interessiert das nicht besonders und sie lassen sich ungern stören.

Starthilfe
Wer traf auf die struppigen Katzen?
– Die braven Esel.
Auf wen trafen …
…

Z 13 a. Ordne die markierten Wortgruppen in eine Tabelle in deinem Heft ein.
b. Markiere die Endungen der Adjektive.

Starthilfe

Bestimmter Artikel, Adjektiv und Nomen im Plural			
	der	das	die
Nominativ	die braven Esel	die weißen Pferde	…
…	…		

Grammatik: Die vier Fälle

Vier Tiere für alle Fälle

1 a. Lies den ersten Absatz des Textes bis Zeile 13.
b. Bestimme den Fall jeder blauen Wortgruppe.
Schreibe ihn dahinter in die Klammern.

Die Bremer Stadtmusikanten – Teil 1

1 Ein alter Esel (_Nominativ_), der von seinem Müller (_____)

nicht mehr zur Arbeit gebraucht werden konnte, kam auf die Idee

(_____), nach Bremen zu gehen und dort lustige Musik

(_____) zu machen. Unterwegs traf er einen Hund

5 (_____), der sein Schicksal teilte. Zu zweit machten sie sich

auf den Weg (_____). Bald darauf gesellte sich eine Katze

(_____), die keine Mäuse (_____) mehr fangen

konnte, zu ihnen. Die Tiere kamen an einem Hof (_____)

vorbei, auf dem ein Hahn (_____) krähte, denn er sollte

10 am Abend im Suppentopf landen. Er schloss sich den dreien an und

sie gingen zusammen weiter, bis sie bei Anbruch der Dunkelheit

(_____) an einen Wald (_____) kamen, wo sie

übernachten wollten.

2 Da sahen _die vier Bremer Stadtmusikanten_ (Nominativ) in der Ferne

15 ein Licht. Sie folgten _____ (Dativ), bis sie vor einem Haus

standen. Der Esel schaute durch das erleuchtete Fenster und erblickte

_____ (Akkusativ), an dem

_____ (Nominativ) speisten. Das Wasser lief _____

_____ (Dativ) im Mund zusammen.

20 Sie beschlossen, _____ (Akkusativ) zu vertreiben. ...

2 Ergänze im zweiten Absatz die Wortgruppen vom Rand.

~~die vier Bremer Stadtmusikanten,~~
das Licht,
ein gedeckter Tisch,
Räuber,
die vier Bremer Stadtmusikanten,
die Räuber

Z 3 Gestalte den Text anschaulicher.
Füge vor mindestens zehn verschiedenen Nomen
passende Adjektive ein. Schreibe in dein Heft.
Du kannst die Adjektive vom Rand verwenden.

fremd, müde, wütend, fett, betagt, schläfrig, traurig, verzweifelt, hell, gut gelaunt, weit

Starthilfe
Die Bremer Stadtmusikanten
Ein alter, grauer Esel ...

Das kann ich! – Die vier Fälle

1 Mit welchen Fragen kannst du die vier Fälle bestimmen?
Schreibe hinter jeden Fall die richtige Frage.

Nominativ: _____ ? oder _____ ? Genitiv: _____ ?

Dativ: _____ ? Akkusativ: _____ ? oder _____ ?

2 Ergänze bis Zeile 25 die Wortgruppen vom Rand im richtigen Fall.
Tipp: Das Bild zum Text hilft dir.

der Kopf,
die Katze,
die Vorderfüße,
der Esel,
der Hund

Die Bremer Stadtmusikanten – Teil 2

… Der Esel stellte sich mit ____ _____ (Dativ) an

das Fensterbrett, der Hund sprang ____ _____ (Dativ)

auf den Rücken, die Katze kletterte auf ____ _____

(Akkusativ) und der Hahn setzte sich ____ _____

25 (Dativ) auf ____ _____ (Akkusativ).

Nun fingen alle an, ihre Musik (_____) zu machen,

und stürzten durch das Fenster (_____) in die Stube

(_____). Die Räuber flohen vor Angst in den Wald

(_____). Die vier Bremer Stadtmusikanten

30 (_____) aber aßen und tranken nach Herzenslust.

Um Mitternacht kam ein Räuber (_____) zurück.

Als er ein Licht (_____) anzünden wollte, sprang ihn

die Katze an, biss ihm der Hund ins Bein, gab ihm der Esel einen Tritt

(_____) und schrie der Hahn. Von da an trauten sich

35 die Räuber nie wieder in ihr Haus. Die vier Bremer Stadtmusikanten

lebten glücklich und zufrieden bis an ihr Lebensende.

3 Bestimme den Fall der grünen Wortgruppen ab Zeile 26.
Schreibe den Fall jeweils in die Klammern dahinter.

4 Überarbeite den Text in deinem Heft.
Gestalte den letzten Absatz besonders anschaulich.
Füge dabei vor mindestens sechs verschiedenen Nomen
Adjektive ein. Einige Adjektive findest du am Rand.
Tipp: Achte bei den Adjektiven auf den richtigen Fall.

schläfrig, fremd,
unerschrocken,
eingeschüchtert,
wütend, entsetzt

Punkte

/6 Punkte

/5 Punkte

/8 Punkte

/6 Punkte

Gesamtpunktzahl: /25 Punkte

Wortart: Verb

Präsens

> Verben im **Präsens** verwendet man, um auszudrücken, was man regelmäßig tut oder was man gerade jetzt tut.
> Ich **esse** oft Pizza. Ich **putze** gerade mein Zimmer.

1 a. Markiere alle Verben im Präsens in dem Telefongespräch.
b. Schreibe die Verben in allen Personalformen in dein Heft.

Mike: Hallo, Michelle, hier spricht Mike.
Michelle: Ach, du bist es. Wie geht es dir?
Mike: Prima! Was machst du gerade?
Michelle: Ich mache Hausaufgaben. Warum?
Mike: Ich packe gerade meine Schwimmsachen. Tanja und Sven warten schon. Hast du auch Zeit?
Michelle: Nein, ich schreibe gerade den Aufsatz für Deutsch. Schade! Ich wünsche euch aber viel Spaß!

Starthilfe

Verben im Präsens

sprechen	sein
ich spreche	ich bin
du sprichst	du bist
er/sie/es …	er/sie/es …
wir …	wir …
ihr …	ihr …
sie …	sie …

Verben im Präteritum konjugieren

> Wenn man **schriftlich** über etwas berichtet oder erzählt, was schon vergangen ist, verwendet man das **Präteritum**.
> Viele Verben bilden das **Präteritum** mit folgenden **Endungen**:
> spielen – ich spiel**te**, du spiel**test**, er/sie/es spiel**te**,
> wir spiel**ten**, ihr spiel**tet**, sie spiel**ten**
> Diese Verben nennt man auch **schwache Verben**.

2 Ergänze in dem folgenden Bericht Verben vom Rand im Präteritum.

Mittwoch – dritter Tag der Klassenfahrt

Unsere Klassenfahrt ist wirklich super! Heute _besuchten_ wir nach dem Frühstück das Naturkunde-Museum. Ein Mitarbeiter _____ uns viele interessante Dinge und _____ uns, welche Pflanzen und Tiere an und in der Nordsee leben.

Gunnar _____ ihn, ob es in der Nordsee auch Krokodile gebe. Da _____ die ganze Klasse! Das Museum war toll!

Alle (und besonders Gunnar!) _____ viel über die Natur an der Nordsee. Nach dem Museumsbesuch _____ wir einen Spaziergang am Strand und _____ Muscheln.

~~besuchen~~
suchen
zeigen
machen
erklären
lachen
lernen
fragen

> Bei einigen Verben **ändert** sich im Präteritum der **Wortstamm**.
> Diese Verben nennt man auch **starke Verben**: gehen – ging
> Manche Verben haben in der 1. und 3. Person Singular Präteritum **keine Endung**:
> ich ging, er/sie/es ging

3 Ergänze im Text passende Verben vom Rand im Präteritum.

Verben vom Rand: ~~schrieb~~, sah, schwiegen, bat, verriet

Die Klassenarbeit

Gestern _schrieb_ die Klasse 6 b eine Mathearbeit.

Dabei _____ Uwe heimlich auf das Heft seines Nachbarn.

Leise _____ der ihm die Lösung einer Aufgabe.

Plötzlich _____ der Mathelehrer laut um Ruhe.

Da _____ die beiden natürlich sofort!

4 a. Ergänze die Präteritumformen für die Verben in der Tabelle.
b. Markiere die Endungen wie bei den vorgegebenen Verben.

	Schwache Verben			Starke Verben		
	spielen	fragen	antworten	gehen	schreiben	geben
ich	spielte	fragte	antwortete	ging	schrieb	gab
du	spieltest			gingst		
er/sie/es	spielte			ging		
wir	spielten			gingen		
ihr	spieltet			gingt		
sie	spielten			gingen		

Z 5 a. Konjugiere die Verben vom Rand im Präteritum in deinem Heft.
b. Markiere die Endungen.

> **Starthilfe**
> **Konjugation im Präteritum**
> ich kaufte, du kauftest, er …

Verben vom Rand: kaufen, lernen, machen, kommen, trinken, rufen

Z 6 a. Trage die Verben vom Rand in eine Tabelle ein.
Schreibe den Infinitiv und die Präteritumform in der 3. Person Singular.
Tipp: Wenn du unsicher bist, schlage das Verb im Wörterbuch nach.
b. Kreuze an, ob es sich um ein **schwaches** oder **starkes Verb** handelt.
c. Markiere bei **starken Verben** die Veränderung im Wortstamm.

Verben vom Rand: lesen, rechnen, riechen, tanzen, schreiben, sprechen, rutschen, fragen, schneiden, essen

Starthilfe

Verben im Präteritum			
Infinitiv	3. Person Singular Präteritum	schwaches Verb (Wortstamm bleibt gleich)	starkes Verb (Wortstamm ändert sich)
lesen	er las		X
rechnen	er …	X	
…	…		

Grammatik: Wortart – Verb

Zeitformen der Verben: Perfekt

> Wenn man etwas **mündlich** erzählt, was schon vergangen ist, verwendet man meist das **Perfekt**.
> Ich habe gelacht. Ich bin gelaufen.

1 a. Lies das Telefongespräch zwischen Marie und Aishe.
b. Ergänze die fehlenden Perfektformen vom Rand.

~~habe ... erkältet~~
hat ... gesagt
bin ... gegangen
hast ... angesteckt
haben ... gefehlt
hat ... verordnet

Ich _habe_ mich schrecklich _erkältet_.

Du Arme! _____ du dich bei jemandem _____?

Ja, wahrscheinlich. In meiner Klasse _____ gestern viele _____. Ich _____ heute gleich zum Arzt _____.

Was _____ der Arzt denn _____?

Er _____ mir Medizin und drei Tage Bettruhe _____.

Viele Perfektformen haben **ge** am Anfang: „sehen – **ge**sehen".
Manche Perfektformen haben **ge** in der Mitte: „ansehen – an**ge**sehen".
Einige Perfektformen haben kein **ge**: „entdecken – entdeckt".

2 Ergänze die Lücken im folgenden Text.
Bilde dazu die Perfektformen der Verben vom Rand.

Sarah erzählt: „Das Klassenfest war super! Wir haben viele Spiele _gespielt_. Sogar die Lehrer sind _____ und haben _____. Danach haben wir Kuchen _____ und Cola _____. Später hat eine Schülerband Musik _____ und der Rest hat dazu _____.

Danach sind einige noch ins Freibad _____.

Leider ist Boris _____ und hat sich am Knie _____."

Verben, die im Perfekt **ge(g)** am Anfang haben. Infinitive: ~~spielen,~~ machen, tanzen, kommen, essen

Verben, die im Perfekt **ge** in der Mitte haben. Infinitive: hinfallen, mitmachen

Verben, die im Perfekt kein **ge** haben. Infinitiv: verletzen

Besondere Perfektformen:
gehen – gegangen
trinken – getrunken

Viele Verben bilden das Perfekt mit **haben**: Marie hat gelacht.

3 a. Ergänze die passenden Formen von **haben**.
b. Markiere die dazugehörigen Perfektformen mit Rot.

Derya erzählt: „Gestern _haben_ wir ein Klassenfest veranstaltet.

Ich _____ einen Kuchen gebacken, Kevin _____

die Getränke besorgt. Sogar die Lehrer _____ geholfen.

_____ ihr in diesem Schuljahr noch nichts unternommen?

Warum _____ du noch keinen Vorschlag gemacht?"

Perfekt mit haben:
ich habe
du hast
er/sie/es hat   gespielt
wir haben
ihr habt
sie haben

Einige Verben bilden das Perfekt mit **sein**, vor allem Verben der Bewegung:
Peter ist gelaufen (gegangen, gerannt, gefallen, gerutscht).

4 a. Ergänze die passenden Formen von **sein**.
b. Markiere die dazugehörigen Perfektformen mit Blau.

Boris erzählt: „Nach dem Klassenfest _sind_ wir noch ins Freibad

gegangen. Ich _____ auf den nassen Steinen ausgerutscht

und gefallen. Kevin und Jonas _____ ganz schnell gekommen,

um mir zu helfen. Auch der Bademeister _____ zu mir gelaufen.

Später _____ ich nach Hause gehumpelt."

Perfekt mit sein:
ich bin
du bist
er/sie/es ist   gelaufen
wir sind
ihr seid
sie sind

Z **5** a. Lies den folgenden Text.
b. Markiere die Perfektformen mit Rot, die mit **haben** gebildet werden.
c. Markiere die Perfektformen mit Blau, die mit **sein** gebildet werden.

„Heute ist in der Schule eigentlich nichts Besonderes passiert. In Deutsch hat Frau Werner uns etwas über unsere Klassenfahrt nach Berlin erzählt. Dann sind wir in die Pause gegangen und haben uns darüber unterhalten. Nach der Schule bin ich zu Uwe gelaufen und habe mit ihm ein bisschen Tischtennis gespielt. Später haben wir noch zwei Stunden für die Matheabeit gelernt. Auf dem Heimweg habe ich Bettina getroffen und wir haben zusammen ein Eis gegessen. Als ich auf die Uhr geguckt habe, bin ich schnell nach Hause gerannt."

Z **6** a. Lege für die Perfektformen eine Tabelle in deinem Heft an.
b. Sortiere die Perfektformen aus den Aufgaben 1–5 nach **haben** und **sein**. Ergänze den Infinitiv.

Starthilfe

Perfekt mit „haben"		Perfekt mit „sein"	
Infinitiv	Perfekt	Infinitiv	Perfekt
sich erkälten	ich habe mich erkältet	gehen	ich bin gegangen
sich anstecken	du hast dich angesteckt	…	
…			

Grammatik: Wortart – Verb

Zeitformen der Verben: Futur

> Wenn man über Tätigkeiten oder Vorgänge spricht,
> die in der Zukunft liegen, die also noch nicht geschehen sind,
> verwendet man oft das **Futur**.
>
> Wir **werden** nächste Woche **verreisen**.
> Präsensform von werden + Infinitiv (Grundform)

1 Markiere alle Futurformen (**werden** + Infinitiv) im Text.

Die Lehrerin erzählt den Eltern von der geplanten Klassenfahrt:
„Nächste Woche werde ich mit der Klasse nach Amrum fahren.
Wir werden zehn Tage auf dieser schönen Nordseeinsel sein.
Ein Bus wird uns am Montag von der Schule abholen. Er wird
5 uns zum Fährhafen Niebüll fahren. Die Schüler werden die Fahrt
mit der Fähre sicher genießen! Nach zwei Stunden werden wir
wieder an Land gehen. In der Jugendherberge werden alle zuerst
ihre Betten beziehen und etwas Freizeit haben. Dann wird es auch
schon Abendbrot geben. Danach werden wir noch gemeinsam
10 zum Strand laufen."

2 Ergänze die fehlenden Formen von **werden**.

ich _werde_ lernen

du _____ gehen

er/sie/es _____ laufen

wir _____ siegen

ihr _____ sein

sie _____ haben

Randliste:
- ~~werde~~
- werdet
- werden
- wird
- werden
- wirst

3 Ergänze im Text Formen von **werden** und passende Infinitive vom Rand.

Kevin und Philip träumen von nächtlichen Abenteuern:

„Wir _werden_ nachts zu den Mädchen ins Zimmer _schleichen_.

Dann _____ wir uns Lampen unters Kinn _____."

„Die _____ große Angst _____! _____ du deine Draculamaske _____?" „Die _____ wohl nicht auch noch in meinen Koffer _____." „Dann _____ wir uns eben mit Bettlaken als Gespenster _____." „Melanie _____ bestimmt am lautesten _____!"

Randliste:
- ~~schleichen~~
- mitnehmen
- bekommen
- passen
- halten
- verkleiden
- kreischen

Das kann ich! – Zeitformen der Verben

1 Ergänze passende **Präteritumformen** der Verben vom Rand.

Aus der Schülerzeitung: Viele Gäste _____ das Klassenfest der Klasse 6 b. Das Programm war toll: Die Klasse _____ Theater und eine Schülerband _____ Musik. Der Rest _____ dazu.

spielen, machen, tanzen, besuchen

/4 Punkte

2 Ergänze passende **Präteritumformen** der Verben vom Rand.

Nach den Aufführungen _____ alle Kuchen und _____ Cola oder Saft. Gegen Abend _____ dann alle fröhlich nach Hause.

gehen, essen, trinken

/3 Punkte

3 Ergänze passende Formen von **haben**.

Kerstin erzählt:

„Am besten _____ den Eltern die Aufführungen gefallen. Uli und Svenja _____ sogar ein Gedicht vorgetragen. Aber mittendrin _____ Herr Gras, unser Biologielehrer, plötzlich laut gegähnt."

/3 Punkte

4 Ergänze passende Formen von **sein**.

„Aber er _____ doch nicht etwa eingeschlafen, oder?" – „Doch, aber nur kurz. Uli und Svenja _____ zu ihm gegangen, um ihn zu wecken. Da _____ er natürlich sofort aufgewacht! Es war ihm ziemlich peinlich…"

/3 Punkte

5 Ergänze passende **Perfektformen** der Verben vom Rand.

„Aber niemand war ihm böse – alle _____ nur _____. Später _____ Herr Gras dann sogar selbst auf die Bühne _____ und _____ ein Lied _____."

kommen, lachen, singen

/3 Punkte

6 Markiere alle Futurformen (**werden** + Infinitiv) im Text.

Die Lehrerin überlegt: „Ich hoffe, Kevin, Jorma und Philip werden sich während der Reise ordentlich verhalten! Die Schifffahrt wird allen gefallen. Während der Fahrt werden wir an Deck in der Sonne sitzen. Die Schüler werden ihre Brote essen. Vielleicht werden manche auch die Möwen füttern. Hoffentlich wird niemand über Bord fallen!"

/12 Punkte

Gesamtpunktzahl: /28 Punkte

Grammatik: Wortart – Verb

Trennbare Verben

> Manche Verben sind **trennbar**:
> aufmachen = auf + machen
> Wenn man trennbare Verben **im Satz** verwendet,
> können sie **auseinanderstehen**.
> Marie **macht** die Tür **auf**.
>
> Ein Teil des Verbs steht dann meist am Ende des Satzes.

<del>anmelden</del>
hinfahren
vorzeigen
hereinrufen

1 a. Finde in den Sätzen die trennbaren Verben vom Rand.
  Markiere dazu die beiden Teile der Verben.
  b. Verbinde die beiden Teile der Verben mit einer Linie.
  c. Schreibe den Infinitiv der Verben rechts neben jeden Satz.

Ihre Mutter meldet Marie zur Sprechstunde bei Dr. Heilmann an.   _anmelden_

Marie fährt mit dem Bus hin.   _____

Sie zeigt am Empfang ihre Chipkarte vor.   _____

Bald ruft die Arzthelferin sie herein.   _____

2 Was passiert auf den Bildern? Schreibe zu jedem Bild einen Satz.
Verwende dabei die Verben vom Rand.

rufen
aufrufen
anrufen

Marie _____

Ihre Mutter _____

Die Arzthelferin _____

3 Ergänze die Verben vom Rand in der passenden Form.

<del>ansehen</del>
wiederkommen
aufschreiben
ausfragen

Dr. Heilmann _sieht_ Marie genau _an_ und _____ sie über ihre

Beschwerden _____. Dann _____ er ihr ein Medikament _____.

Zuletzt sagt er: „Marie, bitte _____ in einer Woche _____."

74 Grammatik: Wortart – Verb

Z 4 a. Bilde trennbare Verben mit **gehen**. Schreibe in dein Heft.
b. Schreibe mit jedem Verb einen sinnvollen Satz.
c. Markiere die Teile der trennbaren Verben in deinen Sätzen.

vor-, los-, hin-, mit-, **gehen**, weiter-, unter-, zurück-, weg-, aus-

> **Starthilfe**
> **Trennbare Verben mit „gehen"**
> losgehen – Wir gehen jeden Morgen um 7:00 Uhr los.

Nicht alle Verben sind trennbar.

Z 5 a. Ergänze in den Sätzen die Präteritumformen vom Rand. Schreibe in dein Heft.
b. Markiere am Rand alle Verben, die nicht trennbar sind.

Gunnar ▇ eine lustige Geschichte.
Die Pflanze ▇ sich am Fenster gut.
Lena ▇ hastig ein Bonbon ▇. Dabei ▇ sie das Papier.
Jakob ▇ Klebeband von der Rolle ▇ und ▇ ein Stück ▇.
Dabei ▇ sich das Klebeband und war nicht mehr zu gebrauchen.
Lisa ▇ sich bei einer Aufgabe, aber sie ▇ den Test trotzdem.

entwickeln – ent/wickelte,
auswickeln – aus/wickelte,
abwickeln – ab/wickelte,
bestehen – be/stand,
erzählen – er/zählte,
abreißen – ab/riss,
zerreißen – zer/riss,
verzählen – ver/zählte,
verwickeln – ver/wickelte

Das kann ich! – Trennbare Verben

Punkte

1 a. Markiere jeweils beide Teile von sieben trennbaren Verben.
b. Schreibe die Infinitive der trennbaren Verben unten auf die Linien.

Die Mutter kehrt heute von einer Fortbildung zurück und ihr Zug kommt bald an. Darum bereitet der Vater ein besonderes Essen zu. Er stellt den Braten nach dem Übergießen zurück in den Ofen und ruft den Kindern zu: „Ihr bereitet bitte den Tisch vor. Ich fahre jetzt los zum Bahnhof!"

_____ _____ _____ _____

_____ _____ _____

☐ /14 Punkte

2 Ergänze die trennbaren Verben vom Rand.

Boris hat sich am Knie verletzt und muss zum Arzt. Seine Mutter

_____ ihn mit dem Auto _____. Boris _____ sich

am Empfang _____. Etwas später _____ ihn die Arzthelferin

_____. Der Arzt _____ sich sein Knie genau _____.

Dann _____ er ihm eine Salbe _____.

Natürlich _____ ihn seine Mutter wieder _____.

aufschreiben
ansehen
hinfahren
abholen
anmelden
hineinrufen

☐ /6 Punkte

Gesamtpunktzahl: ☐ /20 Punkte

Grammatik: Wortart – Verb

75

Wortart: Pronomen

Personalpronomen

> **Personalpronomen** kann man für Personen, Lebewesen und Dinge einsetzen. Sie können im **Singular** und im **Plural** stehen. Personalpronomen kommen in verschiedenen **Fällen (Kasus)** vor. Im **Nominativ** erfragt man sie mit der Frage **Wer?** oder **Was?**, im **Dativ** mit **Wem?** und im **Akkusativ** mit **Wen?** oder **Was?**

Personalpronomen im Singular:

Nominativ	Dativ	Akkusativ
ich	mir	mich
du	dir	dich
sie	ihr	sie
er	ihm	ihn
es	ihm	es

1 a. Markiere alle 13 Personalpronomen mit Gelb.
   Achtung: sie kann Singular oder Plural sein. Im Singular bezeichnet es aber nur **eine** Person, **ein** Lebewesen oder **ein** Ding.
b. Vier der Personalpronomen stehen im **Plural**. Kreise sie ein.
c. Schreibe jedes Personalpronomen einmal unten in die Tabelle.

> Hallo, Lukas,
>
> viele Grüße aus Wewer. Ich hoffe, dass du die Ferien genießt. Gestern habe ich Andreas getroffen. Er hat ein neues Fahrrad. Es sieht toll aus. Die Kettenschaltung hat achtzehn Gänge!
> 5   Sie lässt sich sehr leicht schalten.
> Andreas war mit Beate unterwegs. Sie fuhren zum Sportplatz. Dort planen wir nämlich das Klassenfest. Habt ihr auch schon ein Klassenfest gemacht? Wir werden auch die Klassenlehrerin, Frau Müller, einladen. Sie bringt die Getränke mit.
> 10 Ich hoffe, du kommst mal wieder nach Wewer.
>
> Viele Grüße Frank

Personalpronomen im Plural:

Nominativ	Dativ	Akkusativ
wir	uns	uns
ihr	euch	euch
sie	ihnen	sie

Personalpronomen im Singular	Personalpronomen im Plural
ich,	

2 a. Markiere die Personalpronomen im Dativ.
b. Frage mit **Wem?** nach dem Personalpronomen. Schreibe die Fragen unter die Sätze und beantworte sie rechts am Rand.
c. Beantworte die Frage mit dem Personalpronomen und dem Fall.

mehr zur **Deklination** und zu den **Fällen**, S. 63–67

Andreas' Eltern haben ihm ein neues Fahrrad geschenkt.

Personalpronomen (Fall)

Wem haben Andreas' Eltern ein neues Fahrrad geschenkt?   _ihm (Dativ)_

Andreas hat uns die Kettenschaltung gezeigt.

_____   _____

Hoffentlich leiht Andreas mir sein Fahrrad einmal!

_____   _____

3 a. Markiere die Personalpronomen im Akkusativ.
   b. Frage mit **Wen?** oder **Was?** nach dem Personalpronomen. Schreibe die Fragen unter die Sätze und beantworte sie rechts am Rand.

Die Kettenschaltung hat mich beeindruckt.

Personalpronomen (Fall)

Wen hat die Kettenschaltung beeindruckt?   *mich (Akkusativ)*

Der Zweiradmechaniker hat sie genau eingestellt.

_____   _____

Bei Problemen kann Andreas ihn jederzeit anrufen.

_____   _____

4 Sortiere die Personalpronomen nach ihren Fällen in eine Tabelle in deinem Heft.

ich, wir, sie, ihr, er, sie, es, ihm, ihr, ihm, ihn, sie, es, dir, mich, du, mir, dich, uns, euch, ihnen, uns, euch, sie

Starthilfe

		Personalpronomen		
		Nominativ (Wer? oder Was?)	Dativ (Wem?)	Akkusativ (Wen? oder Was?)
Singular	1. Person	ich	mir	mich
	2. Person	…	…	…
	3. Person	er/sie/es	ihm/ihr/ihm	ihn/sie/es
Plural	1. Person	wir	…	…
	2. Person	ihr	…	…
	3. Person	sie	…	…

Z 5 a. Markiere die Personalpronomen in drei verschiedenen Farben.
   b. Steht das Personalpronomen im Nominativ, im Dativ oder im Akkusativ? Nutze die Fragewörter von Seite 76. Schreibe den Fall neben die Sätze.

Das Fahrrad gehört ihm.   *Dativ*   Andreas liebt es. _____

Sie fährt lieber Skateboard. _____   Hör mir bitte zu! _____

Das kann ich! – Personalpronomen

Punkte

1 Ergänze den Merksatz.

/3 Punkte

> Personalpronomen kann man für _____, _____
>
> und _____ einsetzen.

2 Markiere die Personalpronomen im Singular. Kreise sie im Plural ein.

/12 Punkte

Ich gab ihm die Nummer von ihr. Sie fand es gut, dass er sie anrief. Wir freuten uns, dass sie in Kontakt kamen. Kennen sie euch?

3 Schreibe den Fall auf, in dem das markierte Personalpronomen steht.

/2 Punkte

Ich helfe dir. _____   Du lädst mich ein. _____

Gesamtpunktzahl: /17 Punkte

Possessivpronomen

> **Possessivpronomen** zeigen an, wem etwas gehört.
> Sie können im **Singular** oder im **Plural** stehen.
> Sein Hund bellt. – Seine Hunde bellen.
> Ihr Pferd wiehert. – Ihre Pferde wiehern.

1 Was sagen die Kinder? Vervollständige die Sprechblasen.
Verwende dabei die Possessivpronomen vom Rand.

mein, mein, meine
dein, dein, deine
sein, sein, seine
  ihr, ihr, ihre
  sein, sein, seine
unser, unser, unsere
euer, euer, eure
ihr, ihr, ihre

Wo ist _____ Schere?

_____ Lineal ist zu kurz.

Lisa, ist das _____ Bleistift?

_____ Plakat ist kaputt.

2 a. Schreibe mit der Satzschalttafel möglichst viele Fragen in dein Heft.
b. Markiere die Possessivpronomen in deinen Fragen.

Starthilfe
Possessivpronomen
Wo ist mein Etui?
...

Wo ist	mein, mein, meine, meine	Etui, Etuis	
	dein, dein, deine, deine	Plakat, Plakate	
Wo sind	sein, sein, seine, seine	Bleistift, Bleistifte	?
	ihr, ihr, ihre, ihre	Füller, Füller	
Ist das	sein, sein, seine, seine	Schultasche, Schultaschen	
	unser, unser, unsere, unsere	Lehrerin, Lehrerinnen	
Sind das	euer, euer, eure, eure		

Z 3 a. Markiere in den Sätzen links die Personalpronomen.
b. Ergänze in den Sätzen rechts passende Possessivpronomen vom Rand.

Das Auto gehört mir.   Es ist __mein__ Auto.

Diese Idee hatte sie.   Das ist _____ Idee.

Der Füller gehört dir.   Es ist _____ Füller.

Der Brief ist für uns.   Das ist _____ Brief.

Das Rad gehört ihm.   Es ist _____ Rad.

Das Geschenk ist für euch.   Das ist _____ Geschenk.

~~mein~~
unser
euer
sein
dein
ihre

78 Grammatik: Wortart – Pronomen

> Wenn du nach einer Wortgruppe mit einem Possessivpronomen mit **Wen?** oder **Was?** oder **Wem?** fragen kannst, kann sich die **Endung** des Possessivpronomens **ändern**. **Sein** Hund bellt. Er hört **seinen** Hund bellen. Er gibt **seinem** Hund Futter.

4 a. Markiere die Possessivpronomen und schreibe sie rechts daneben.
b. Markiere rechts die Endungen der Possessivpronomen.

Das ist mein Großvater. — *mein*

Ich besuche meinen Großvater oft. — *meinen*

Dann helfe ich meinem Großvater im Garten. _____

Manchmal gehen wir auch mit meiner Großmutter spazieren. _____

5 Markiere alle Possessivpronomen.

In unserem letzten Urlaub waren wir an der Nordsee. Ich wollte meine neue Luftmatratze testen und lief damit ins Wasser. Mein Vater rief noch: „Paddel nicht so weit raus, das Ding ist kein Boot – und du kannst nicht schwimmen!" Leider hörte ich seine Worte zu spät. Eine hohe Welle warf mich von meiner Matratze ins Wasser. Gut, dass ich aus Spaß die Schwimmflügel meiner kleinen Schwester angelegt hatte und ihren Schwimmring ebenfalls.

Das kann ich! – Possessivpronomen

1 Ergänze den folgenden Merksatz.

> **Possessivpronomen** zeigen an, _____ _____ _____ .
> Sie können im **Singular** oder im **Plural** stehen.

/3 Punkte

2 Ergänze passende Possessivpronomen vom Rand.

Franzi fragt Nick: „Was ist _____ Lieblingsessen?"

Nick antwortet: „_____ Lieblingsessen ist Pizza."

Claudia isst gern Spaghetti. Das ist _____ Lieblingsessen.

Mark isst lieber Fisch. Das ist _____ Lieblingsessen.

mein
dein
sein
ihr

/4 Punkte

3 Markiere alle Possessivpronomen.

Olga ist mit ihren Eltern und ihrem Bruder in eine neue Stadt gezogen. Ihr Vater hatte seinen Job gewechselt. Olga war traurig, weil sie ihre Freundinnen nicht verlieren wollte. Aber in ihrer neuen Klasse fühlte sie sich sofort wohl. Allerdings ist ihre Klassenlehrerin etwas streng. Sie fragt jeden Tag: „Olga, hast du deine Aufgaben gemacht?" Ihr Bruder ist sehr unzufrieden. Er vermisst seine alten Freunde.

/10 Punkte

Gesamtpunktzahl: /17 Punkte

Grammatik: **Wortart – Pronomen**

Der Satz: Satzglieder

Satzglieder umstellen

> Mit der **Umstellprobe** kannst du Satzglieder ermitteln.
> Ein **Satzglied** kann aus einem Wort oder aus mehreren Wörtern bestehen.
> Die Wörter eines Satzglieds kann man nur gemeinsam umstellen.
> Die wichtigsten Satzglieder sind:
>
> Subjekt   Prädikat   Objekt

1 a. Trenne die Satzglieder mit Strichen voneinander ab.
b. Kennzeichne die Subjekte, Prädikate und Objekte mit Rahmen.
c. Wende die Umstellprobe an.
   Bilde zu jedem Satz einen zweiten Aussagesatz und einen Fragesatz.

Tipp: Auf den Seiten 81–82 erfährst du, wie man Subjekte, Prädikate und Objekte erkennt.

Aussagesatz: Der neue Torwart | hielt | jeden Ball.

Aussagesatz: *Jeden Ball | …* _____ .

Fragesatz: *Hielt | …* _____ ?

Aussagesatz: Zwei Mitarbeiter betreuen den Jugendtreff.

Aussagesatz: _____ .

Fragesatz: _____ ?

Aussagesatz: Herr Töpfer plant ein spannendes Kickerturnier.

Aussagesatz: _____ .

Fragesatz: _____ ?

Aussagesatz: Frau Wiesinger backt leckere Waffeln.

Aussagesatz: _____ .

Fragesatz: _____ ?

Die Umstellprobe zeigt dir auch, ob es mehr als drei Satzglieder gibt.

2 a. Stelle die Sätze so oft wie möglich sinnvoll um. Schreibe in dein Heft.
b. Trenne die Satzglieder mit Strichen voneinander ab.
c. Kennzeichne die Subjekte, Prädikate und Objekte mit Rahmen.

> **Starthilfe**
> **Umstellprobe:**
> **Sätze mit mehr als drei Satzgliedern**
> Pia | schreibt | ihrer Freundin | einen Brief.
> Ihrer Freundin | schreibt | Pia …
> Einen Brief | schreibt …
> Schreibt | Pia | …

Pia schreibt ihrer Freundin einen Brief.
Frauke schenkt ihrem Trainer einen Fotokalender.
Klaus zeigt den Eltern sein Zeugnis.
Hans gibt allen seinen Freunden die neue Telefonnummer.

**Durch das Umstellen von Satzgliedern kannst du Texte verbessern.
Wenn du z. B. ein Satzglied an den Satzanfang stellst, betonst du es.**

Z **3** a. Markiere alle Satzglieder, die an einem Satzanfang stehen.
Wie klingt der Text? Lies den Text laut.
b. Schreibe den Text in dein Heft und stelle dabei die Satzglieder um.
Beginne jeden Satz mit dem blau hervorgehobenen Satzglied.
c. Markiere auch in deinem Heft alle Satzglieder am Satzanfang.
Wie klingt der Text jetzt? Lies den Text noch einmal laut.

> **Starthilfe**
> Ben erzählt: „Jeden Mittwoch gehe ich in den Jugendtreff. ...

Ben erzählt: „Ich gehe jeden Mittwoch in den Jugendtreff. Ich treffe dort meine Freunde. Ich spiele mit meinen Freunden Tischtennis. Wir kickern auch oft. Wir sprechen nur selten über die Schule. Wir bekommen manchmal Waffeln von Frau Wiesinger. Wir fahren im Winter oft in die Eissporthalle. Wir laufen dort Schlittschuh."

Satzglieder bestimmen

Subjekt und Prädikat

> **Subjekt** und (Prädikat) sind Satzglieder.
>
> Mit **Wer?** oder **Was?** fragt man nach dem **Subjekt**.
>
> Mit (Was tut ...?) fragt man nach dem (Prädikat).

1 Frage nach den Subjekten. Umrahme alle Subjekte im Text so: ▢
Tipp: In einem Satz besteht das Subjekt nur aus einem Wort!

Julia und Pia fahren morgens zusammen mit dem Bus zur Schule.

Sie warten an der Bushaltestelle. Zum Glück kommt der Schulbus

meistens pünktlich. Die Freundinnen sitzen oft in der letzten Reihe.

Dort treffen die Mädchen ihre Mitschüler. Die Busfahrt dauert

15 Minuten. Während der Fahrt üben viele Kinder Vokabeln.

Aber heute schreiben die sechsten Klassen keinen Test.

Sie machen einen Ausflug.

2 Frage nach den Prädikaten. Umrahme alle Prädikate so: ⟮ ⟯

Lukas und Ruben (gehen) ins Kino.   Tanja kauft Brötchen.

Morgen schreibt die Klasse einen Test.   Wohin rennt Artur?

Die Lehrerin gibt jedem Kind ein Bonbon.   Svenja liest ein Buch.

Grammatik: Der Satz – Satzglieder

Dativobjekt und Akkusativobjekt

> Auch **Objekte** sind Satzglieder.
> Mit **Wen?** oder **Was?** fragt man nach dem **Akkusativobjekt**.
> **Was** sucht er? Er sucht **den Eingang**.
> Mit **Wem?** fragt man nach dem **Dativobjekt**.
> **Wem** gehört das? Das gehört **dem Mädchen**.
> Ob ein Dativobjekt oder ein Akkusativobjekt folgt, wird vom Verb bestimmt.

3 a. Frage nach den Akkusativobjekten der Sätze unten.
Schreibe die Fragen und die Objekte auf die Linien darunter.
Umrahme die Akkusativobjekte in den vorgegebenen Sätzen so: ☐

b. Frage auch nach den Dativobjekten der Sätze.
Umrahme die Dativobjekte in den vorgegebenen Sätzen so: ☐
Markiere die Dativobjekte zusätzlich farbig.

Die Mutter kauft [dem Sohn] [einen bunten Drachen].

Akkusativobjekt: *Was kauft die Mutter dem Sohn? einen bunten Drachen*

Dativobjekt: *Wem kauft die Mutter einen bunten Drachen? dem Sohn*

Den kaputten Globus zeigt Herr Klasing dem Hausmeister.

Akkusativobjekt: _____

Dativobjekt: _____

Ute leiht ihrem Bruder einen Füller.

Akkusativobjekt: _____

Dativobjekt: _____

Pia schreibt der Klasse 6a eine Ansichtskarte.

Akkusativobjekt: _____

Dativobjekt: _____

Z 4 a. Bilde aus den Satzgliedern in der Tabelle sinnvolle Sätze.
Schreibe sie in dein Heft.
b. Trenne die Satzglieder mit Strichen voneinander ab.
c. Kennzeichne die Akkusativ- und Dativobjekte wie in Aufgabe 3.

> **Starthilfe**
> **Sätze mit zwei Objekten**
> Der Trainer | wünscht |
> [seiner Mannschaft] |
> [ein gutes Spiel].

Subjekt	Prädikat	Dativobjekt	Akkusativobjekt
der Trainer	beantwortet	dem Autokäufer	eine Frage
der Schüler	wünscht	seiner Mannschaft	einen Sportwagen
die Kellnerin	verkauft	der Lehrerin	das Mittagessen
der Autohändler	bringt	den Gästen	ein gutes Spiel

Adverbiale Bestimmungen des Ortes und der Zeit

> **Adverbiale Bestimmungen** sind Satzglieder.
> Mit einer **adverbialen Bestimmung** kann man ausdrücken,
> wann etwas geschieht oder wo etwas geschieht.
> Am Samstag treffen wir uns im Park.
> – Wann treffen wir uns? – am Samstag
> – Wo treffen wir uns? – im Park
> Nach der adverbialen Bestimmung **der Zeit** fragt man
> mit **Wann?**, **Wie lange?**, **Seit wann?** oder **Bis wann?**
> Nach der adverbialen Bestimmung des Ortes fragt man
> mit **Wo?**, **Woher?** oder **Wohin?**

1 a. Unterkringele die adverbialen Bestimmungen der Zeit und des Ortes.
   Tipp: Im letzten Satz gibt es zwei adverbiale Bestimmungen.
b. Auf welche Frage antwortet die adverbiale Bestimmung?
   Schreibe die passende Frage vom Rand unter den Satz.
c. Handelt es sich um eine adverbiale Bestimmung der Zeit oder
   des Ortes? Ergänze in Klammern die richtige Bestimmung.

Fragen nach der Zeit
~~Wann?~~ Wann? Wann?
Wie lange?
Seit wann?
Bis wann?

Fragen nach dem Ort
Wo? Wo?
Woher?
Wohin?

Am Ende der ersten Stunde warteten viele Schüler auf das Klingeln.

  Wann? (adverbiale Bestimmung der Zeit)

In der Pause spielten einige Schüler der Klasse 6a Tischtennis.

Die Schüler kamen mit Bussen aus verschiedenen Orten

Ein paar Mädchen spielten bis zum Klingeln Tischtennis.

Alle Schüler rannten zum Bus.

Eine Sportstunde dauert 90 Minuten.

Einen Schülerkiosk gibt es seit dem letzten Schuljahr.

Thilo und Maria waren die Ersten an der Bushaltestelle.

In den Pausen sind alle Schülerinnen und Schüler auf dem Schulhof.

Grammatik: Der Satz – Satzglieder

2 Ergänze passende adverbiale Bestimmungen vom Rand.
Beachte dabei die Fragewörter unter den Schreibzeilen.

<u>Am Samstag</u> findet das Schulfest statt.
    Wann?

_____ bereiten sich alle Klassen darauf vor.
   Seit wann?

Eine Gruppe gestaltet Plakate _____ .
                                             Wo?

Der Auftritt der Musik-AG soll _____ dauern.
                                           Wie lange

Die mitgebrachten Kuchen werden _____ gestellt.
                                               Wohin?

Einige Schüler holen Tische und Stühle für die Gäste _____ .
                                                                     Woher?

_____ muss alles fertig sein.
   Bis wann?

> ~~am Samstag~~
> 45 Minuten
> im Kunstraum
> aus dem Lager
> seit vier Wochen
> bis Freitag
> in die Küche

3 Ergänze zu jeder Frage eine passende adverbiale Bestimmung vom Rand.

Wann? <u>am Freitag</u>   Wo? _____

Wie lange? _____   Woher? _____

Seit wann? _____   Wohin? _____

Bis wann? _____

> ~~am Freitag~~
> 90 Minuten
> in die Schule
> aus Hamburg
> seit zwei Wochen
> bis Montag
> im Klassenraum

Z 4 a. Schreibe mit den adverbialen Bestimmungen aus Aufgabe 3 eigene Sätze in dein Heft.
    b. Unterkringele die adverbialen Bestimmungen.

> **Starthilfe**
> **Eigene Sätze mit adverbialen Bestimmungen**
> Wann? – Am Freitag kommt meine Oma.
> …

Ein Satz kann auch mehrere adverbiale Bestimmungen enthalten.

Z 5 a. Unterkringele alle adverbialen Bestimmungen.
    b. Frage nach den adverbialen Bestimmungen.
       Schreibe in dein Heft und markiere
       die Fragewörter.
    c. Beantworte die Fragen
       mit den adverbialen Bestimmungen.
       Unterkringele die adverbialen Bestimmungen.

> **Starthilfe**
> **Nach adverbialen Bestimmungen fragen**
> **Wann** standen viele Eltern vor dem Schulgebäude?
> – nach Unterrichtsschluss.
> **Wo** standen die Eltern? – vor dem Schulgebäude.
> …

Nach Unterrichtsschluss standen viele Eltern vor dem Schulgebäude.

Seit letzter Woche gibt es im Schülerkiosk belegte Brötchen.

Am Freitag fahren wir nach Paderborn.

Bis Montag dürfen wir nicht in die Turnhalle gehen.

84   Grammatik: Der Satz – Satzglieder

Das kann ich! – Satzglieder

1 Stelle den folgenden Satz zweimal um.

Aussagesatz: Olga hatte starke Zahnschmerzen.

Aussagesatz: _____

Fragesatz: _____

/2 Punkte

2 Umrahme in jedem Satz das **Subjekt** so: ▢
Tipp: Das Subjekt kann auch aus zwei Personen bestehen.

In der Pause spielen Frank und Thomas Tischtennis.

Das spannende Buch liegt auf dem Tisch.   Heute kaufe ich mir ein Eis.

/3 Punkte

3 Umrahme in jedem Satz das **Prädikat** so: ▢

Peter und Dirk fahren mit dem Rad an den See.

Ich kaufe mir ein neues Buch.   Die Katze liegt in der Sonne.

/3 Punkte

4 a. Umrahme **Akkusativobjekte** und **Dativobjekte** so: ▢
b. Markiere die **Dativobjekte** zusätzlich farbig.
   Tipp: Frage mit **Wem?** nach dem Dativobjekt.

Der Bote brachte den Schülern einen Brief.

Dem Deutschlehrer zeigt Kai die Hausaufgaben.

Andreas schickt seinem Opa eine Ansichtskarte.

/6 Punkte

5 a. Unterkringele alle **adverbialen Bestimmungen der Zeit** und **des Ortes**.
b. Schreibe passende Fragewörter und die adverbialen Bestimmungen auf.
   Die Fragewörter findest du am Rand.

In der ersten Stunde besuchte ein Polizist die Klasse 6a. Er kam aus Paderborn. Mit ihm zusammen gingen die Schüler zur Bushaltestelle. Am Bus wird nämlich immer viel gedrängelt. Der Polizist berät die Schüler der sechsten Klassen seit vielen Jahren. Die Beratung dauert 90 Minuten. Bis zur Klassenfahrt müssen die Schüler das richtige Verhalten gelernt haben.

> Wie lange?
> Wann?
> Seit wann?
> Woher? Wo?
> Bis wann?
> Wohin?

/7 Punkte

Adverbiale Bestimmungen der Zeit: _____

_____

_____

/4 Punkte

Adverbiale Bestimmungen des Ortes: _____

_____

/3 Punkte

Gesamtpunktzahl: /28 Punkte

Grammatik: Der Satz – Satzglieder

Der Kompetenztest

Das kann ich! – Texte lesen und verstehen

1 Lies den Text mit Hilfe des Textknackers.
Du findest die Arbeitstechnik in der Klappe vorne im Heft.

Tiere im Winter

① Zugvögel haben es gut – sie können, wenn es kalt wird, dorthin fliegen, wo es wärmer ist. Viele Tiere können das nicht. Sie müssen andere Lösungen finden. Manche Tiere bekommen ein dickes Fell als Kälteschutz. Andere verkriechen sich in Höhlen, Baumstämmen oder
5 Gebäuden. Sie bewegen sich nur noch wenig oder gar nicht mehr. So sparen sie Kräfte und brauchen viel weniger zu fressen. Viele kleine Säugetiere schlafen fast den ganzen Winter hindurch, die größeren ruhen sich nur aus. Insekten werden ganz starr und bewegen sich erst wieder, wenn es wärmer wird.

Siebenschläfer im Winterschlaf

10 Beim Winterschlaf wird viel Energie gespart und so kommen die Tiere mit ihren vorher angefressenen Fettdepots über den Winter. Igel, Fledermäuse, Siebenschläfer und Murmeltiere können dazu ihre eigene Körpertemperatur stark senken. Ihr Herzschlag wird ganz langsam.
15 Winterschlaf bedeutet nicht Tiefschlaf. Zwischendurch wachen die Tiere auch auf. Sie fressen aber nichts. Werden die Winterschläfer öfter gestört, kann das für sie tödlich sein. Das kostet sie nämlich Energie. Sie brauchen dann Futter und finden aber keines.

	Winterschläfer		
		Igel	Murmeltier
Herzschläge pro Minute	wach	bis 320	80
	schlafend	bis 21	5
Atemzüge pro Minute	wach	bis 50	30
	schlafend	bis 1	0,2

20 Winterruhe halten Dachs, Eichhörnchen, Maulwurf, Waschbär und Braunbär. Diese Tiere senken ihre eigene Körpertemperatur nicht so stark wie Winterschläfer. Sie wachen häufiger auf und suchen gelegentlich nach Nahrung. Braunbären, die im kalten Sibirien wohnen, verbringen bis zu sieben Monate in der Bärenhöhle.
25 In Europa, wo es nicht ganz so kalt wie in Sibirien wird, verlassen sie im Winter mehrfach ihre Höhle. Im warmen Zoo, in dem es auch genügend Futter gibt, halten Bären überhaupt keine Winterruhe.

Braunbär im Winter

In Winterstarre fallen Fische, Frösche, Eidechsen, Schildkröten und Insekten. Wenn es sehr kalt wird, erstarren ihre Körper und sie
30 wachen erst wieder auf, wenn es draußen wärmer wird. Frösche vergraben sich im Winter, um in Winterstarre zu fallen. Insekten verstecken sich im Holz und in kleinen Ritzen. Sie haben etwas ganz Besonderes in ihrem Körper: eine Art Frostschutzmittel. Selbst wenn draußen Minustemperaturen herrschen, friert ihre Körperflüssigkeit
35 nicht ein, sondern bleibt flüssig.

Wird es im Frühling wieder wärmer, dann ist das das Wecksignal für die schlafenden Tiere. Und auch die Zugvögel kommen wieder zurück.

Frosch in Winterstarre

2 **a.** Markiere die Absätze am Textrand mit Kreisen und nummeriere sie.
b. Schreibe für die Absätze 2 bis 5 passende Überschriften auf.
Für die fünfte Überschrift kannst du die Wörter vom Rand verwenden.

das Erwachen
die Rückkehr
der Frühling

① *Wegfliegen oder Kräfte sparen*   ② _____

③ _____   ④ _____

⑤ _____

☐ /8 Punkte

3 Lies die Fragen der Aufgaben **4** bis **9** genau.
Kreuze jeweils die **eine** richtige Antwort an.

4 Welche Aussage über den Winterschlaf ist richtig?
☐ a) Der Herzschlag der Tiere beschleunigt sich.
☐ b) Winterschlaf bedeutet Tiefschlaf.
☐ c) Man muss die Schläfer aufwecken, damit sie fressen können.
☐ d) Der Herzschlag verlangsamt sich.

☐ /2 Punkte

5 Welche Aussage über die Winterruhe ist richtig?
☐ a) Winterruher brauchen im Winter keine Nahrung.
☐ b) Eichhörnchen wachen häufiger auf und suchen nach Nahrung.
☐ c) Der Igel hält Winterruhe von November bis März.
☐ d) Im Zoo ist die Winterruhe wegen der Besucher verboten.

☐ /2 Punkte

6 Welche Aussage über die Winterstarre ist richtig?
☐ a) Insekten haben eine Art Frostschutzmittel im Körper.
☐ b) Frösche überwintern auf dem Grund eines Sees.
☐ c) wenn Fische Hunger haben, wachen sie auf.
☐ d) In Winterstarre fallen vor allem Säugetiere.

☐ /2 Punkte

7 Winterschläfer können Probleme bekommen, ...
☐ a) ... wenn es kalt wird.
☐ b) ... wenn sie geweckt werden.
☐ c) ... wenn sie nur noch ein- bis zweimal pro Minute atmen.
☐ d) ... wenn ihr Herz nur noch fünfmal pro Minute schlägt.

☐ /2 Punkte

8 Weshalb halten Bären im Zoo keine Winterruhe?
☐ a) Sie werden von den Besuchern gestört.
☐ b) Es ist warm und es gibt genug Futter.
☐ c) Sie bekommen zu viel Futter und brauchen Bewegung.
☐ d) Sie werden extra für die Besucher wach gehalten.

☐ /2 Punkte

9 Erkläre die Tabelle zum Text. Worüber gibt sie Auskunft?
Sie gibt Auskunft ...
☐ a) ... über Herzschläge und Atemzüge pro Minute bei Winterruhern.
☐ b) ... über das Verhalten von Fischen bei Frost.
☐ c) ... über Herzschläge und Atemzüge pro Minute bei Igel und Murmeltier.
☐ d) ... über die Winterschläfer, wenn diese aufwachen.

☐ /2 Punkte

Gesamtpunktzahl dieser Seite: ☐ /20 Punkte

Der Kompetenztest

87

10 Ergänze zu den folgenden Aussagen Begründungen aus dem Text.
Beachte dabei die Rechtschreibung.

a) Werden Winterschläfer oft gestört, kann das für sie tödlich sein,

weil _____

b) Frösche wachen aus der Winterstarre erst wieder auf,

wenn _____

11 Vervollständige die folgende Tabelle mit Angaben aus dem Text.
a. Ergänze zuerst die Überwinterungsformen in der ersten Spalte.
b. Ergänze Angaben zur Körperveränderung in Stichworten.
c. Ergänze Angaben zur Nahrungsaufnahme in Stichworten.
d. Trage in die vierte Spalte alle Tiere aus dem Text ein.
e. Ergänze eine passende Überschrift für die Tabelle.
Du kannst die folgenden Wörter verwenden.

> der Winter, der Vergleich, die verschiedenen Überlebensformen, die Tiere

Überwinterungsform	Körperveränderung	Nahrungsaufnahme	Beispieltiere
Winterschlaf	Körpertemperatur gesenkt, Herzschlag ganz langsam, kein Tiefschlaf, wachen auf	Tiere leben von ihren Fettdepots, sie fressen nichts	Igel, Fledermäuse,

Texte lesen und verstehen – Gesamtpunktzahl: ☐ /50 Punkte

Das kann ich! – Rechtschreiben

1 Wie heißen die drei wichtigsten Rechtschreibhilfen?

das _____ , das _____ und das _____

/3 Punkte

2 Gliedere die Wörter in Silben.

die Klassenfahrt _____

der Besprechungsraum _____

die Vertretungsstunde _____

/3 Punkte

3 Wende eine Rechtschreibhilfe an. Schreibe das Wort noch einmal auf.

der Käfi__ (g/k)   viele _____ zur Auswahl   → also _____

das Getränk__ (g/k)   es gibt kalte _____   → also _____

das Bil__ (d/t)   ich male viele _____   → also _____

bun__ (d/t)   ich mag _____ Farben   → also _____

/4 Punkte

4 **g** oder **k**? **d** oder **t**? Entscheide die Schreibung.

stren__   kran__   der Stif__   das Haarban__

/4 Punkte

5 a. Ergänze den folgenden Satz.

Du kannst Wörter mit **ä** oder **äu** von verwandten Wörtern mit __ oder __ ableiten.

/2 Punkte

b. Entscheide! Schreibe die Wörter richtig auf die Linie.

h____fig (äu/eu) _____   gebr____chlich (äu/eu) _____

l__stig (ä/e) _____   tats__chlich (ä/e) _____

/4 Punkte

c. Drei der folgenden Wörter kannst du nicht ableiten. Markiere sie.
d. Schreibe diese drei Merkwörter auf die Linien.

ungefähr, gläubig, häuslich, der Lärm, die Fähre, die Säule, die Bäuerin

_____   _____   _____

/3 Punkte

6 a. Ergänze die Merksätze zur Großschreibung.
b. Bilde zu jedem Merksatz drei Nomen. Schreibe in dein Heft.

A Aus _____ können Nomen werden. Der Artikel **das** und
die Wörter **zum** und **beim** machen's.   (lesen, schlafen, lachen)

/4 Punkte

B Aus _____ und _____ können Nomen werden.
Die Endungen **-ung**, **-keit** und **-heit** machen's.   (frei, leisten, fertig)

/5 Punkte

C Aus _____ können Nomen werden.
Die Wörter **etwas**, **nichts** und **viel** machen's.   (gut, alt, grün)

/4 Punkte

Gesamtpunktzahl dieser Seite: /36 Punkte

Der Kompetenztest

7 Schreibe den Text in dein Heft und entscheide über die Großschreibung.

Von der ÜBERRASCHUNG, die unser Lehrer für uns hatte, hatten wir keine AHNUNG. Am letzten Schultag überraschte er uns nämlich mit einem Frühstück im Klassenzimmer. Viel GESUNDES stand auf dem Tisch. Es war für jeden etwas LECKERES dabei. Auch
5 LECKERES Obst stand zum ESSEN bereit. Es gibt nichts SCHÖNERES als ein GESUNDES Frühstück!
Beim FRÜHSTÜCKEN teilte uns Herr Meier eine große NEUIGKEIT mit. Wir WARTETEN seit Wochen auf das ERGEBNIS eines Schülerwettbewerbs. Für den ersten Preis hat sich das WARTEN gelohnt.
10 Das ist etwas TOLLES. Danach teilte Herr Meier uns zum ABWASCHEN ein. Einige SAMMELTEN das Geschirr ein, andere SPÜLTEN oder TROCKNETEN das Geschirr.
Während der fünften Stunde SPIELTEN wir auf dem Sportplatz Völkerball. Beim SPIELEN stellten wir fest, dass uns das ÜBEN in
15 den letzten Wochen viel SICHERHEIT beim AUSWEICHEN gebracht hat. Jetzt müssen wir nur das ZUWERFEN noch besser ÜBEN.

8 Welcher Merksatz ist richtig? Kreuze an.

☐ In den meisten Wörtern steht **kein h** nach einem **lang gesprochenen Vokal (a, e, o, u)** oder **Umlaut (ä, ö, ü)**.

☐ In den meisten Wörtern steht **ein h** nach einem **lang gesprochenen Vokal (a, e, o, u)** oder **Umlaut (ä, ö, ü)**.

9 In der Wörterliste rechts gibt es vier Fehler.
  a. Streiche in zwei Wörtern das **h**.
  b. Ergänze in zwei Wörtern ein **h**.
  c. Schreibe die vier Wörter richtig auf.

_____ _____
_____ _____

die Schule, kam, one, die Fahrt, nun, schöhn, kühl, der Hahfen, gut, der Fehler, die Krone, die Not, (sie) waren, sehr, (sie) wonten, der Abend, der Monat

Achtung: Fehler!

Rechtschreiben – Gesamtpunktzahl: /55 Punkte

Das kann ich! – Grammatik

1 Umrahme die Subjekte, Prädikate, Akkusativobjekte und Dativobjekte. Markiere die Dativobjekte zusätzlich.

Herr Klasing schenkt seiner Tochter ein neues Handy.

Kauft Florian die Kekse für das Klassenfest?

Die Eltern wünschen der Lehrerin eine erfolgreiche Klassenfahrt.

Grammatik – Gesamtpunktzahl dieser Seite: /12 Punkte

2 **a.** Markiere in den Sätzen die adverbialen Bestimmungen des Ortes und der Zeit.
b. Schreibe sie mit passenden Fragewörtern in dein Heft.

Wo? (2 x)
Wann?
Bis wann?
Wohin?
Seit wann?

Am Montag fahren wir mit unserer Klasse nach Hamburg.
Bis Sonntag hatte die Parallelklasse dort schlechtes Wetter.
Seit Montag hoffen wir, dass wir in Hamburg mehr Glück
mit dem Wetter haben werden.

3 Ergänze passende Verben vom Rand im Präteritum.

holen
kämpfen
spielen

Beim Fußball _____ wir nur unentschieden.

Aber beim Völkerball _____ wir den Sieg!

Wir _____ wie die Löwen.

4 Markiere im folgenden Text die zweiteiligen **Perfektformen**.
- Markiere die Perfektformen mit Rot, die mit **haben** gebildet werden.
- Markiere die Perfektformen mit Blau, die mit **sein** gebildet werden.

Adrian erzählt: „Gestern haben wir das Schulfest vorbereitet.
Wir sind in viele Geschäfte gegangen und haben dort Spenden
für das Schulfrühstück am Samstagmorgen gesammelt. Danach
sind wir zum Einkaufen nach Paderborn gefahren."

5 **a.** Markiere alle **Personalpronomen** im **Singular** mit Gelb.
b. Markiere alle **Personalpronomen** im **Plural** mit Blau.
c. Markiere alle **Possessivpronomen** mit Rot.

Sahin redet mit Marco, dem gerade sein Fahrrad geklaut wurde:
„Ich glaube dir, dass du dein Fahrrad angeschlossen hast. Aber
es wäre dir vielleicht nicht passiert, wenn wir unsere Fahrräder
zusammengeschlossen hätten. Mein Fahrrad ist alt – sie wollten
es wohl nicht haben." Marco denkt frustriert: „Er hat ja Recht,
aber was hilft es mir? Mein Fahrrad ist weg."

6 **a.** Markiere Wortgruppen, die in einem Fall stehen:
im Nominativ mit Gelb, im Genitiv mit Rot, im Dativ mit Grün
und im Akkusativ mit Blau.
Tipp: Achte auf die Artikel und wende die W-Fragen an.
b. Schreibe jeweils zwei Wortgruppen im Genitiv und im Dativ ab.

Der junge Hund des netten Nachbarn hat ein braunes Fell.
Der Nachbar hat dem neuen Hund eine lange Leine angelegt.
Die kleinen Kinder des Nachbarn geben dem Hund leckeres Futter.

Genitiv: _____

Dativ: _____

Punkte

/6 Punkte

/3 Punkte

/4 Punkte

/16 Punkte

/10 Punkte

/4 Punkte

Grammatik – Gesamtpunktzahl: /55 Punkte

Der Kompetenztest

Das kann ich! – Berichten

1 Schreibe die sieben **W-Fragen** auf, die ein Bericht beantworten sollte.

_____

_____

_____

Aus der Neustädter Allgemeinen Zeitung vom 18. Mai 2010

Glück im Unglück hatte die 70-jährige Rentnerin Waltraud Schulze, die gestern zusammen mit ihren Enkelkindern Adrian (12 Jahre) und Sophia (9 Jahre) den Neustädter Zoo besuchte. Frau Schulze kaufte ihren Enkelkindern eine Tüte mit Futter für die Ziegen im
5 Streichelzoo. Das leckere Futter, das überwiegend aus verschiedenen Getreidesorten besteht, verkauft der Zoo seit drei Jahren für nur 80 Cent. Zunächst steckte Frau Schulze die Tüte in ihre Manteltasche. Nachdem sie mit ihren Enkeln den Streichelzoo gegen 12:30 Uhr betreten hatte, kam ein hungriger Ziegenbock angelaufen, der
10 vom Futter in der Manteltasche angelockt wurde.
Als er Frau Schulze mit seinen Hörnern leicht berührte, verlor die alte Dame das Gleichgewicht und fiel zu Boden. Ihr Fuß schmerzte so stark, dass sie zunächst nicht aufstehen konnte. Während Sophia mit lautem Geschrei den Ziegenbock verscheuchte, rannte Adrian
15 sofort los, um Hilfe zu holen. Nur fünf Minuten später war er mit einer Tierpflegerin und einem Sanitäter zurück. Es ist wirklich toll, dass der seit 1989 bestehende Zoo so aufmerksames Personal hat! Während die Tierpflegerin den hungrigen Ziegenbock in den Stall brachte, kümmerte sich der Sanitäter um Frau Schulze. Nach einer
20 kurzen Behandlung konnte die alte Dame ihren Zoobesuch in Richtung Löwengehege fortsetzen. Sie hatte sich lediglich eine leichte Prellung am Fuß zugezogen.

2 a. Zwei Sätze gehören nicht in einen Bericht. Markiere sie.
b. Begründe, warum diese Sätze nicht in den Bericht gehören.

Begründung für den ersten markierten Satz: _____

_____

Begründung für den zweiten markierten Satz: _____

_____

_____

3 Beantworte die W-Fragen aus Aufgabe 1 in ganzen Sätzen.
Schreibe im Präteritum in dein Heft.

> **Starthilfe**
> 1. Wann passierte es?
> Es passierte am 17. Mai 2010 gegen …

Berichten – Gesamtpunktzahl:

Das kann ich! – Texte überarbeiten, Stellung nehmen

Punkte

☐ Neulich habe ich etwas Aufregendes erlebt! ☐ Am 17. Mai 2010 besuchte ich mit meiner Schwester Sophia und meiner Oma Waltraud den Neustädter Zoo. ☐ Gegen 10:30 Uhr kaufte Oma Waltraud eine Tüte Tierfutter und steckte sie in ihre Manteltasche. ☐ Anschließend
5 betraten wir den Streichelzoo. ☐ Plötzlich berührte das Tier meine Großmutter mit seinen Hörnern. ☐ Sie hat das Gleichgewicht verloren und fiel zu Boden. ☐ Nach einer kurzen Behandlung des Fußes haben wir noch die Löwen besucht. ☐ Während meine Schwester den Schafbock verjagte, holte ich eine Tierpflegerin
10 und einen Sanitäter, der eine leichte Prellung am Fuß meiner Oma feststellte. ☐ Sofort witterte ein Ziegenbock das Futter in der Tasche meiner Oma. ☐ Ich finde, dass Oma Waltraud echt tapfer ist!

1 a. Lies Adrians Bericht über den Vorfall im Zoo.
   b. Zwei Sätze gehören nicht in einen Bericht. Streiche sie durch.   /2 Punkte

2 a. Markiere im Text zehn Verben im Präteritum mit Blau.   /6 Punkte
   b. Streiche zwei falsche Zeitformen. Schreibe sie im Präteritum an den Rand.
   Achtung: Die durchgestrichenen Sätze aus Aufgabe 1 zählen hier nicht!

3 Adrians Text enthält zwei inhaltliche Fehler.   /4 Punkte
   a. Vergleiche Adrians Text mit dem Zeitungsbericht auf Seite 92.
      Markiere die falschen Angaben mit Rot.
   b. Schreibe die richtigen Angaben neben den Text.

4 Adrians Text ist durcheinandergeraten. Nummeriere die nicht   /8 Punkte
   durchgestrichenen Sätze in der richtigen Reihenfolge.

5 Schreibe Adrians Bericht überarbeitet und mit Überschrift in dein Heft.   /10 Punkte

Die Schüler der 6 b diskutieren über einen geplanten Zoobesuch.

„Ein Zoobesuch ist super." „Ein Zoobesuch ist sinnvoll, weil man viel über das Verhalten von Tieren lernt." „Im Zoo ist es doch langweilig." „Ein Zoobesuch dient der Klassengemeinschaft, weil wir gemeinsam etwas Tolles erleben." „Genaues über das Verhalten lernen wir im Zoo nicht, da sich dort die Tiere anders verhalten als in der Wildnis." „Ein Zoobesuch dient nicht der Klassengemeinschaft, weil wir nur in kleinen Gruppen herumgehen." „Der Zoobesuch ist gut für den Kunstunterricht, da wir uns die Tiere genau ansehen können."

6 a. Markiere **Behauptungen** blau und die **Begründungen** (Argumente) rot.   /11 Punkte
   b. Bitte den Schulleiter, Herrn Müller, in einem offiziellen Brief   /14 Punkte
      um Erlaubnis für den Zoobesuch. Schreibe in dein Heft.
      Verwende dabei drei gute Argumente für den Zoobesuch.

Texte überarbeiten, Stellung nehmen – Gesamtpunktzahl: /55 Punkte

Der Kompetenztest – Gesamtpunktzahl: /235 Punkte

Wissenswertes auf einen Blick

Rechtschreiben

Das Gliedern, das Verlängern, das Ableiten

Beim **Gliedern** zerlegst du mehrsilbige Wörter in Sprechsilben.
Beispiel: Regenwolke

d oder **t**, **g** oder **k** am Ende eines Wortes? Das **Verlängern** bringt die Entscheidung.

der Abend – die langen Aben**d**e   das Getränk – die kalten Geträn**k**e
↓   ↓
d/t?   d!   g/k?   k!

ä und **e** klingen in vielen Wörtern ähnlich.
Leite ab: Finde ein verwandtes Wort mit **a** und du weißt, dass du **ä** schreiben musst.
die W**ä**rme kommt von w**a**rm – also **ä**
  ↓   ↓
  ?   a! ⟶ ä

Übungen S. 36–39

Wortbildung

Verben verbinden sich besonders häufig mit den Vorsilben **ver-**, **be-**, **ent-** und **er-**.
ver- + kaufen = verkaufen   be- + fahren = befahren   ent- + wässern = entwässern   er- + finden = erfinden

Beim Zusammensetzen von Nomen muss manchmal ein **s** oder ein **n** eingefügt werden.
die Entdeckung   + **s** + die Reise   = die Entdeckung**s**reise
die Klasse   + **n** + das Buch   = das Klasse**n**buch

Mit Adjektiven werden neue Nomen gebildet. spät + der Sommer = der Spätsommer

Aus Nomen und Adjektiven werden neue Adjektive. der Kampf + stark = kampfstark
die Kirsche + rot = kirschrot

Mit den Endungen **-sam** und **-bar** werden aus Verben Adjektive gebildet.
spar(en) + -sam = sparsam   dreh(en) + -bar = drehbar

Übungen S. 40–42, 61

Großschreibung

Aus **Verben** können **Nomen** werden. Der Artikel **das** und die Wörter **zum** und **beim** machen's!
rechnen ⟶ das Rechnen / zum Rechnen / beim Rechnen

Achtung! Zwischen **das**, **zum** und **beim** und dem Nomen steht manchmal ein Adjektiv. Die Großschreibung des Verbs bleibt. Das Adjektiv wird kleingeschrieben. das Schreiben ⟶ das gute Schreiben

Aus **Verben** und **Adjektiven** können **Nomen** werden. Die Endungen **-ung**, **-keit** und **-heit** machen's!
ahn(en) ⟶ die Ahnung   fröhlich ⟶ die Fröhlichkeit   wahr ⟶ die Wahrheit

Aus **Adjektiven** können **Nomen** werden. Die Wörter **etwas**, **nichts** und **viel** machen's!
neu ⟶ etwas Neues ⟶ nichts Neues ⟶ viel Neues

Übungen S. 43–45

Zusammenschreibung

Wortverbindungen mit **irgend-** werden immer **zusammengeschrieben**. irgendetwas, irgendwelche, irgendjemand, irgendwo, irgendwie, irgendwoher, irgendein, irgendwann

Übungen S. 46

Kleinschreibung

Das Wort **beide(n)** wird immer **kleingeschrieben**: die beiden, euch beide, wir beide, diese beiden.

Tageszeiten mit einem **s** am Ende werden immer **kleingeschrieben**.
der Morgen ⟶ morgens

Übungen S. 46–47

Wörter mit ie und langem i

Die meisten Wörter mit einem **lang gesprochenen i** werden im Deutschen mit **ie** geschrieben.
Nur in wenigen Wörtern folgt nach dem **lang gesprochenen i** kein **e**.
Diese Wörter musst du dir merken. Zum Beispiel: g**i**b, m**i**r, d**i**r.

Übungen S. 48–49

Wörter ohne h und mit h

In den meisten Wörtern steht **kein h** nach einem **lang gesprochenen Vokal** (a, e, o, u) oder **Umlaut** (ä, ö, ü).

das T**o**r   die T**ü**r
↑   ↑
langer Vokal   langer Umlaut

Einige **wenige Wörter** werden nach **lang gesprochenen Vokalen** (a, e, o, u) oder **Umlauten** (ä, ö, ü) **mit h** geschrieben. Sie behalten das **h in allen Wortformen** der Wortfamilie.

Einmal h – immer h!   z**äh**len   bez**ah**len   die Z**ah**l   z**äh**lbar
↑   ↑   ↑   ↑
langer Umlaut   langer Vokal   langer Vokal   langer Umlaut

Übungen S. 50–53

Zeichensetzung

Komma

Die Wörter einer **Aufzählung** trennt man durch Kommas voneinander.
Ausnahme: Kein Komma vor **und** oder **oder**: Ich liebe grüne, rote **und** blaue Farben.
Ich esse am liebsten Erdbeereis, Schokoladeneis **oder** Nusseis.

Übungen S. 56

Eine **Anrede** und ein **Ausruf** werden vom Satz durch **Komma** abgetrennt.
Leise flüsterte Jan: „**Maria,** ich mag dich."   Der Junge rief: „**Hilfe,** ich komme nicht wieder runter!"
Anrede   Ausruf

Übungen S. 57

Nach Verben des Sagens, Denkens und Meinens folgen oft **dass**-Sätze.
Der **dass**-Satz wird durch **Komma** vom Hauptsatz abgetrennt.
Ich hoffe sehr, **dass** so etwas nicht noch einmal vorkommt.

Übungen S. 54–55

Beginnt ein Satz mit **als**, **weil** oder **wenn**, folgt häufig etwas später ein Komma.
Das **Komma** steht **zwischen zwei Verben**.
Als ich dich **sah, freute** ich mich sehr.   **Weil** es spät **ist, gehe** ich jetzt nach Hause.
Wenn ich Ferien **habe, schlafe** ich morgens lange.

Übungen S. 58

Grammatik

Nomen

Nomen bezeichnen Lebewesen (Menschen, Tiere, Pflanzen), Gegenstände und gedachte oder vorgestellte Dinge. **Nomen schreibt man** im Deutschen immer **groß**.

Vor einem **Nomen** steht oft ein **bestimmter Artikel** (der, das, die) oder ein **unbestimmter Artikel** (ein, ein, eine).

Übungen S. 60–61

Adjektive

Mit **Adjektiven** kann man Personen, Tiere oder Gegenstände genauer beschreiben:
eine **nette** Lehrerin, ein **großer** Hund, ein **langes** Kleid.

Will man Gegenstände, Tiere, Personen… miteinander vergleichen,
kann man **gesteigerte Adjektive** verwenden: **Grundform**   **Komparativ**   **Superlativ**
                                                (so) groß (wie)   größer (als)   am größten

Übungen S. 62

Die vier Fälle

Nomen und Wortgruppen mit Nomen können in **verschiedenen Fällen** (Kasus) stehen.
Man kann nach dem Fall, in dem ein Nomen steht, fragen. Im Deutschen gibt es vier Fälle:

Fälle	Fragen	
Nominativ (1. Fall)	**Wer?** oder **Was?**	**Das Meerschweinchen** ist klein.
Genitiv (2. Fall)	**Wessen?**	Das Fell **des Hundes** ist weich.
Dativ (3. Fall)	**Wem?**	**Der Katze** gebe ich Futter.
Akkusativ (4. Fall)	**Wen?** oder **Was?**	Ich nehme **den Hund** mit.

Verben

Verben im Präsens: Verben im **Präsens** verwendet man, um auszudrücken,
- was man **regelmäßig** tut: Sie spielt jeden Tag mit ihrer Katze.   oder
- was man **jetzt** tut: Sie spielt jetzt gerade mit ihrer Katze.

Bei vielen Verben bleibt der **Verbstamm** gleich. Es verändern sich nur die **Endungen**.
Sie richten sich nach der Person.

Trennbare Verben können im Satz auseinanderstehen: einkaufen – im Satz: Er kauft Futter ein.

Übungen S. 68

Übungen S. 74–75

Verben im Präteritum: Wenn man schriftlich über etwas berichtet oder erzählt, was schon vergangen ist, verwendet man das **Präteritum**. Viele Verben bilden das Präteritum mit folgenden **Endungen**:
Ich lernte, du lerntest, er/sie/es lernte, wir lernten, ihr lerntet, sie lernten.
Bei einigen Verben ändert sich im **Präteritum** der Verbstamm. finden: Sie fanden die Knollen in der Erde.
Manche Verben haben in der 1. und 3. Person Singular keine Endung.
ich fand, er/sie/es fand   aber: du fandest, wir fanden, ihr fandet, sie fanden

Übungen S. 68–69

Verben im Perfekt: Wenn man etwas mündlich erzählt, was schon vergangen ist, verwendet man meist das **Perfekt**. Viele Verben bilden das Perfekt mit **haben**: Marie hat gelacht.
Einige Verben bilden das Perfekt mit **sein**, vor allem Verben der Bewegung: Peter ist gelaufen.

Übungen S. 70–71

Verben im Futur: Wenn man über Tätigkeiten oder Vorgänge spricht, die in der Zukunft liegen, die also noch nicht geschehen sind, dann verwendet man oft das **Futur**. Wir werden nächste Woche verreisen.

Übungen S. 72

Pronomen

Personalpronomen: Die **Personalpronomen** ich, du, er, sie, es, wir, ihr, sie kann man für Personen, Lebewesen und Dinge einsetzen. Sie können im **Singular** und im **Plural** stehen.
Personalpronomen werden für Nomen eingesetzt, um die Nomen nicht ständig zu wiederholen.

Übungen S. 76–77

Possessivpronomen: Possessivpronomen zeigen an, wem etwas gehört. Sie können im **Singular** und im **Plural** stehen: **mein/meine, dein/deine, sein/seine, ihr/ihre, unser/unsere, euer/eure, ihr/ihre**.
Wenn man nach einer Wortgruppe mit einem Possessivpronomen mit **Wen?** oder **Was?** oder **Wem?** fragen kann, kann sich auch die Endung des Possessivpronomens ändern.
Sein Hund bellt. Er hört seinen Hund bellen. Er gibt seinem Hund Futter.

Übungen S. 78–79

Satzglieder

Mit der **Umstellprobe** kannst du Satzglieder ermitteln. Ein **Satzglied** kann aus einem Wort oder aus mehreren Wörtern bestehen. Die Wörter eines Satzglieds kann man nur gemeinsam umstellen.
Die wichtigsten Satzglieder sind:

Subjekt — Der Torwart   Prädikat — hielt   Objekt — jeden Ball.

Übungen S. 80–81

Subjekt: Das **Subjekt** kann eine Person oder eine Sache sein. Es kann aus einem Wort oder mehreren Wörtern bestehen. Mit **Wer?** oder **Was?** fragt man nach dem Subjekt.
Wer spielt Flöte? Lukas spielt Flöte.   Was rollt? Der blaue Ball rollt.

Übungen S. 81

Prädikat: Das (Prädikat) sagt etwas darüber aus, was jemand tut oder was geschieht.
Mit (Was tut?) fragt man nach dem Prädikat. (Was tut) Lukas? Lukas (pfeift).

Übungen S. 81

Objekte: Mit Wen? oder Was? fragt man nach dem Akkusativobjekt.
Wen grüßt Nina? Nina grüßt den Nachbarn.   Was bastelt Lukas? Lukas bastelt einen Drachen.

Mit Wem? fragt man nach dem Dativobjekt.
Wem leiht Ömet sein Rad? Er leiht das Rad einem Freund.

Übungen S. 82

Adverbiale Bestimmungen des Ortes und der Zeit:
Nach der **adverbialen Bestimmung** der **Zeit** fragt man mit **Wann?**, **Wie lange?**, **Seit wann?** oder **Bis wann?**
Nach der **adverbialen Bestimmung** des **Ortes** fragt man mit **Wo?**, **Woher?**, **Wohin?**
Am Samstag treffen sich Hacivat und Karagöz im Park.

Übungen S. 83–84

Mehr **Wissenswertes auf einen Blick** findest du vorne im Heft und in den Klappen.
Öffne die Klappen, um mit dem **Textknacker** oder dem **Erzählplan** zu arbeiten.

Doppel-Klick 6 Differenzierende Ausgabe

Das Arbeitsheft Basis

Lösungen

Seite 4

1 b. *So könntest du ergänzt haben:*
Auf dem Bild sind viele Spatzen zu sehen. Sie sitzen auf einer Stuhllehne in einem Straßencafé. Die Spatzen haben keine Angst vor den Menschen und warten auf heruntergefallene Krümel.

2 b. *Sicherlich hast du Aussage C angekreuzt.*

3 Ich habe mich für Möglichkeit 3 entschieden, *weil die Überschrift so in einem Sachbuch stehen könnte.*

Seite 5

5 und **6**
Diese Überschriften könntest du geschrieben haben:
1. Absatz: Verschiedene Namen für Sperlinge
2. Absatz: Vorkommen und Verbreitung der Sperlinge

7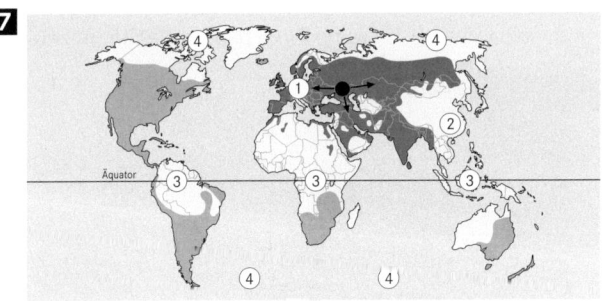

Seite 6

8 a. *Diese Merkmale hast du bestimmt markiert:*
Männchen: schwarzen Kehle, dunklen Kopfplatte, schwarzen Streifen, braunen Rücken
Weibchen: bräunlich mit einer hellen Unterseite
Junge: gelbe Schnabelränder

c. *Diese Überschrift könntest du geschrieben haben:*
3. Absatz: Das Aussehen der Hausspatzen

9 *Diese Überschrift könntest du gefunden und diese Schlüsselwörter solltest du markiert haben:*
4. Absatz: Die Ernährung der Hausspatzen
kräftigen Schnabels, Körner, Samen von Gräsern, Getreide und Früchten, anpassungsfähiger Allesfresser, eiweißreiche Nahrung, pro Tag etwa 500 Insekten

10 Für sechs Junge müssen die Eltern *täglich 3000 Insekten fangen.*

Seite 7

11 b. Im Schwarm haben die Vögel Vorteile bei der Nahrungssuche und bei der Verteidigung gegen Feinde.
c. In einer Kolonie leben viele Tiere einer Art auf engem Raum zusammen. Als Schwarm bezeichnet man größere Gruppen, die zusammen auf Nahrungssuche sind.

13 *Diese Überschriften und Schlüsselwörter könntest du gefunden haben:*
5. Absatz: Das Zusammenleben der Hausspatzen
gesellige Vögel, Kolonien, Trupps, Schwärmen, größte und dunkelste Brustlatz, höchsten Rang, gemeinsame Staub- und Wasserbäder
6. Absatz: Nist- und Brutplätze der Haussperlinge
Hecken, dichten Bäumen, Spalten, Dächern, Büschen, Straßenlaternen, Storchennestern, Fabrikhallen

Seite 8

1 Laufvögel [2] Greifvögel [1]
Kuckucksvögel [3] Singvögel [4]

2 b. und **3** a.

Bestimmt hast du folgende Wörter markiert:
Sperlinge, Singvögel, Sperlingsvögel, Neukiefervögel, Vögel und Wirbeltiere. *Den Stammbaum dieser Tiere solltest du farbig ausgemalt haben.*

3 b. *So solltest du die Beschreibung des Stammbaums ergänzt haben:*
Der Haussperling oder Hausspatz gehört zu der Familie der *Sperlinge*, zu der Unterordnung der *Singvögel* und zu der Ordnung der *Sperlingsvögel*. Im Stamm der *Wirbeltiere* gehört die *Ordnung* der *Sperlingsvögel* zu der Unterklasse der *Neukiefervögel* und damit zu der Klasse der *Vögel*.

Seite 9

4 *Diese Wörter hast du bestimmt durchgestrichen:*
Zugvögel, Alligatoren, Libellen

Und so hast du sicherlich nach dem Alphabet geordnet:
Ammern, Brillenvögel, Drosseln, Finken, Goldhähnchen, Kardinäle, Kleiber, Lerchen, Meisen, Nektarvögel, Schwalben, Seidenschwänze, Sperlinge, Stare, Zaunkönige

5 und **6**
Afghanen-Schneefink, Dschungelsperling, Feldsperling, Gelbbauchsperling, Haussperling, Italiensperling, Jemen-Goldsperling, Kapsperling, Kapverdensperling, Keniasperling, Moabsperling, Papageischnabelsperling, Rötelsperling, Sahel-Steinsperling, Schneefink, Somalisperling, Suahelisperling, Tibet-Schneefink, Weidensperling, Wüstensperling

7 a) etwa 30 Ordnungen, zum Beispiel: Eulen, Gänsevögel, Hühnervögel, Kranichvögel, Mausvögel, Papageienvögel, Rackenartige, Regenpfeiferartige, Röhrennasen, Schwalmartige, Seetaucher, Seglervögel, Spechtvögel
b) Die beiden anderen Unterordnungen heißen Schreivögel und Maorischlüpfer.
c) In der Ordnung gibt es ungefähr 5 700 Arten.

Seite 10 – Das kann ich!

2 *Diese Überschriften und Schlüsselwörter könntest du gefunden haben:*

1. Der Bestand der Sperlinge
   2008 häufigste Vogel Deutschlands, Bestand zurückgegangen
2. Veränderte Lebensbedingungen in der Stadt
   in Städten, keine Nist- und Brutplätze, bieten weder Nahrungsvielfalt noch Insekten, versiegelte Plätze
3. Veränderte Lebensbedingungen auf dem Land, Tierhaltung technisiert, nicht mehr an Körnerfutter teilhaben, Gifteinsatz, Insektenarmut
4. Die Bekämpfung des Sperlings früher
   vor etwa 250 Jahren, Prämie für getöteten Spatz, vermehrten die Insekten, Giftweizen
5. Der Vogel des Jahres
   2002 Vogel des Jahres

Seite 11 – Das kann ich!

3 *Diese Sätze sollten in deinem Heft stehen:*
König Friedrich der Große ließ eine Prämie auf jeden getöteten Spatz aussetzen.
Im Jahr *2002* wurde der Spatz zum Vogel des Jahres erklärt.
Spatzen finden in Parks *keine Vielfalt* an Samen.

4

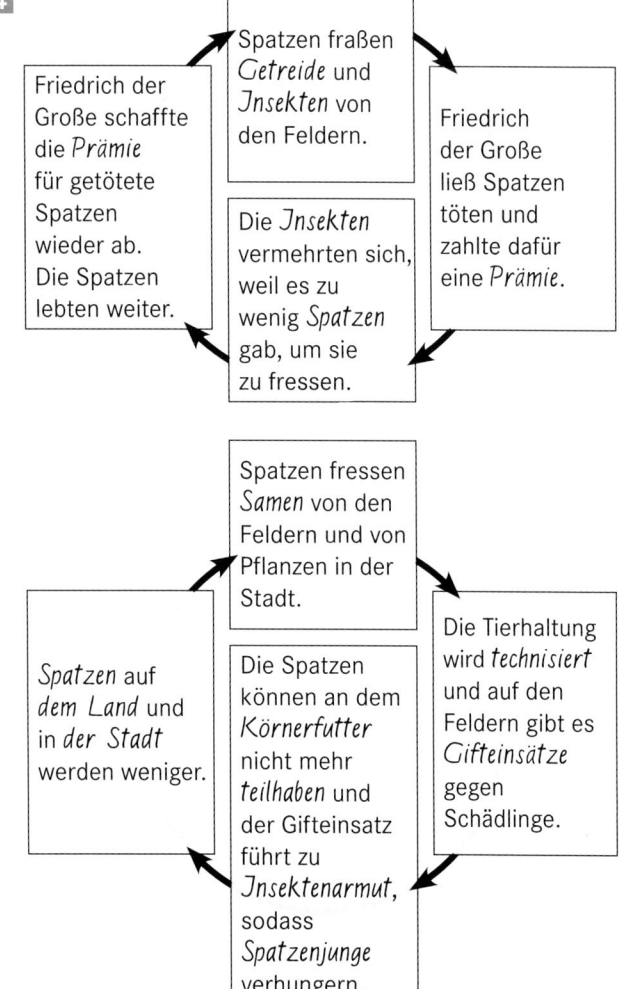

5 *So könntest du geantwortet haben:*
Die Menschen könnten versuchen, neue Lebensräume für die Spatzen zu schaffen. Man könnte z. B. an den glatten Fassaden von Häusern Nistmöglichkeiten anbringen und Orte mit Sand oder Staub für die Gefiederpflege einrichten. Man könnte ein besseres Nahrungsangebot schaffen, indem man Samenpflanzen in der Stadt und auf dem Land anpflanzt. Auf einen Gifteinsatz auf den Feldern sollte man verzichten, damit es wieder mehr Insekten gibt.

Das kann ich! – Auswertung	
38–50 Punkte	Du hast schon viel gelernt. Weiter so!
24–37 Punkte	Du kannst es sicher noch besser. Übe weiter.
0–23 Punkte	Probiere es noch einmal. Arbeite vorher die Seiten 4 bis 9 noch einmal durch.

Seite 12

1 *Diese Stichworte könntest du notiert haben:*
Gefunden 12. Mai 2010: eine Uhr von GFF, schwarzes Armband, silbernes Gehäuse, schwarzer Hintergrund und weiße Ziffern, 3 kleine Zifferblätter, Sekundenzeiger

2 a.

b.
1. Armband: schwarzes Leder
2. Gehäuse: silberfarbig, aus Metall, vorne Glas
3. großes Zifferblatt: schwarzer Hintergrund mit weißen Zahlen, die Zahl 12 ist als einzige rot, 12-Stunden-Anzeige, Striche der Zahlen sind leuchtend
4. Stundenzeiger: kleiner, etwas dickerer, silberner Zeiger, der nach vorne spitz zuläuft
5. Minutenzeiger: langer, etwas dickerer, silberner Zeiger, der nach vorne spitz zuläuft

⑥ Sekundenzeiger: langer, dünner, silberner Zeiger mit einer Pfeilspitze vorne

⑦ drei kleine Zifferblätter: drei kleine Zifferblätter in Weiß in der unteren Hälfte des Zifferblattes, spitze Zeiger

⑧ Datumsanzeige: zwischen der 4 und der 5

⑨ Firmenlogo: GFF

⑩ Einstellknöpfe: am rechten Gehäuserand, in der Mitte ein silberner Drehknopf zur Uhrzeiteinstellung, oberhalb und unterhalb davon zwei silberne Druckknöpfe

Seite 13

3 *So könntest du die Beschreibung vervollständigt und verbessert haben:*

Meine Armbanduhr

Das schwarze Armband meiner Sportuhr besteht aus Leder. Das silberne Gehäuse ist aus Metall und Glas. Das große, schwarze Zifferblatt besitzt eine 12-Stunden-Anzeige. Die Zahlen 1 bis 11 sind weiß und die 12 ist rot. Auf dem Zifferblatt befinden sich drei Zeiger. Der Stundenzeiger ist kürzer als die beiden anderen. Der Minutenzeiger und der Sekundenzeiger sind gleich groß, wobei der Sekundenzeiger dünner ist und eine Pfeilspitze besitzt.
In der unteren Hälfte des Zifferblattes erkennt man drei kleine Zifferblätter, um Sekunden, Minuten und Stunden zu stoppen. Eines befindet sich links von der 3, eines erkennt man rechts von der 9 und eines findet man oberhalb der 6. Eine Datumsanzeige sieht man zwischen der 4 und der 5. Unterhalb der 12 sieht man übrigens das Firmenlogo GFF.
Am rechten Rand der Uhr gibt es drei Knöpfe. Der mittlere ist ein Drehknopf zum Einstellen der Uhrzeit. Oberhalb und unterhalb von diesem Knopf findet man silberne Druckknöpfe für die Stoppfunktion.

Seite 13 – Das kann ich!

1 *Diese Beispiele könntest du notiert haben:*
besitzt, gibt es, befindet sich, erkennt man, besteht aus

2 Gehäuse, Einstellknöpfe, Zifferblatt

3 *So könnte deine Beschreibung aussehen:*

Sonjas Armbanduhr

Das Gehäuse der Uhr ist silbermatt, viereckig und besteht aus Stahl. Auch das weiße Zifferblatt ist deshalb viereckig. Darauf findet man nur die Zahlen 3, 6, 9 und 12 aus silbermattem Metall so wie das Gehäuse. Die Uhr besitzt drei Zeiger aus Stahl. Der Stundenzeiger ist deutlich kürzer als die anderen beiden. Der Minutenzeiger ist genauso lang wie der Sekundenzeiger, aber etwas dicker. Die Uhr verfügt über einen Einstellknopf, der am unteren Gehäuserand sitzt. Das Besondere an der Uhr ist das Armband: Es besteht aus gelbem Leder und wird unter dem Gehäuse der Uhr befestigt. Die silberne Schnalle des Verschlusses wirkt größer als das Zifferblatt. Die Uhr ist durch diese Besonderheiten sehr auffallend.

Das kann ich! – Auswertung	
19–25 Punkte	Du hast schon viel gelernt. Weiter so!
12–18 Punkte	Du kannst es sicher noch besser. Übe weiter.
0–11 Punkte	Probiere es noch einmal. Arbeite vorher die Seiten 12 und 13 noch einmal durch.

Seite 14

1 Material:
Aus einem Kartenspiel benötigt man die Karokarten 7, 8, 9, 10 und Ass und die Kreuzkarten 7, 8, 9, 10 und Ass. Außerdem benötigt man eine Schere, Klebstoff, einen Bleistift und ein transparentes Lineal.

2 *In dieser Reihenfolge muss der Trick vorbereitet werden:*

1. Mit Lineal und Bleistift auf den Kreuzkarten 7, 8, 9 und 10 eine diagonale Linie ziehen. Zu beachten: Die Linien beginnen und enden jeweils auf der langen Kartenseite ober- beziehungsweise unterhalb der Zahl.

2. Die Kreuzkarten 7, 8, 9 und 10 entlang der Linie zerschneiden. Das Ass bleibt ganz.

3. Die obere Hälfte der Kreuzkarten probeweise auf die untere Hälfte der Karokarten legen.

4. Die ausgewählte Hälfte der Kreuzkarten auf der Rückseite mit Klebstoff bestreichen und auf die obere Hälfte der Karokarten kleben.

5. Die präparierten Karten 7, 8, 9 und 10 so auffächern, dass nur die Karoseite zu sehen ist. Das Karo-Ass obenauf legen, sodass die Kreuz-10 nicht zu sehen ist.

6. Das Kreuz-Ass unter die Karo-7 schieben. Das Kreuz-Ass darf nicht mehr sichtbar sein.

Seite 15

3 a. *Notiz 1 muss noch überarbeitet werden.*

b. Ergänzung zu Notiz 1: Es gibt beim Anzeichnen noch etwas zu beachten. Die Diagonalen müssen bei allen Karten an der gleichen Ecke beginnen, z. B. unten links. Dabei ist es günstig, wenn alle Karten die gleiche Seite unten haben (nur bei der Karte 10 und beim Karo-Ass sind beide Seiten gleich).

4 a. *So hast du bestimmt die Fotos nummeriert:*
1. Zeile: 11, 8, 12
2. Zeile: 10, 7, 9

zu Seite 15

4 b. *In dieser Reihenfolge wird der Trick vorgeführt:*

- [8] Danach schiebt man die Karten zusammen.
- [9] Hinter dem Rücken legt man das schwarze Ass nach vorne.
- [10] Hinter dem Rücken dreht man den Stapel um 180 Grad.
- [11] Man fächert die Karten vorsichtig wieder auf und achtet darauf, dass die Schnittstellen und das rote Ass nicht sichtbar sind.
- [12] Jetzt zeigt man den Zuschauern den Fächer mit schwarzen Karten (Kreuz).

Seite 16

5 Man muss den Stapel kurz hinter den Rücken nehmen. Dort legt man zuerst das schwarze Ass mit der anderen Hand von hinten nach vorne. Danach übergibt man den Stapel in die andere Hand und dreht ihn dabei um 180 Grad. Das muss schnell gehen und deshalb sollte man es besonders oft üben.

6 b. und **8** *So könnte dein Text aussehen:*

Die magische Verwandlung von Karo zu Kreuz

Material:
Für diesen Zaubertrick benötigt man aus einem Kartenspiel die Karokarten 7, 8, 9, 10 und Ass und die Kreuzkarten 7, 8, 9, 10 und Ass. Außerdem benötigt man eine Schere, Klebstoff, einen Bleistift und ein transparentes Lineal.

Vorbereitung:
Mit Lineal und Bleistift zieht man auf den Kreuzkarten 7, 8, 9 und 10 eine diagonale Linie. Dabei muss man zwei Dinge beachten: 1. Die Linien müssen jeweils auf der langen Kartenseite ober- beziehungsweise unterhalb der Zahl beginnen und enden. 2. Die Linien müssen auf allen Karten an der gleichen Ecke beginnen. Die Kreuzkarten 7, 8, 9 und 10 zerschneidet man nun entlang der Linie. Das Ass muss man ganz lassen. Jetzt legt man die obere Hälfte der Kreuzkarten probeweise auf die untere Hälfte der Karokarten. Die ausgewählte Hälfte der Kreuzkarten bestreicht man auf der Rückseite mit Klebstoff und klebt sie auf die obere Hälfte der Karokarten. Die präparierten Karten 7, 8, 9 und 10 fächert man so auf, dass nur die Karoseite zu sehen ist. Das Karo-Ass legt man obenauf, sodass die Kreuz-10 nicht zu sehen ist. Das Kreuz-Ass schiebt man unter die Karte mit der 7. Das Kreuz-Ass darf nicht mehr sichtbar sein.

Durchführung:
Man zeigt den Zuschauern die roten Karten (Karo) als Fächer. Danach schiebt man die Karten zusammen. Hinter dem Rücken legt man das schwarze Ass nach vorne und dreht den Stapel um 180 Grad. Das muss schnell gehen und deshalb sollte man es besonders oft üben. Anschließend fächert man die Karten vorsichtig wieder auf und achtet darauf, dass die Schnittstellen und das rote Ass nicht sichtbar sind. Jetzt zeigt man den Zuschauern den Fächer mit schwarzen Karten (Kreuz).

7 *Die richtigen Zeitformen sind:*
schneidet man… durch, befestigt man, bildet man

Seite 17 – Das kann ich!

1 b. Die Karokarten 7, 8, 9, 10 und Ass werden nicht genannt.

2 b. Kreuz. Die halben Kreuzkarten klebt man danach auf die passenden Karokarten 7, 8, 9 und 10. Jetzt kann man die vier veränderten Karten als Fächer in der Hand halten. Mit dem Lineal zeichnet man…

3 *Die richtigen Zeitformen lauten:* benötigt (Zeile 1); braucht (Zeile 3); ist, sieht (Zeile 12); hält (Zeile 13)

4 a. *So könntest du die Zeilen 16 bis 20 verbessert haben:*
Nun dreht man die Karten um, nimmt sie kurz hinter den Rücken und schiebt das Kreuz-Ass auf das Karo-Ass. Anschließend holt man die Karten wieder hervor und fächert sie vorsichtig auf. Jetzt zeigt man den Zuschauern zu ihrer Überraschung lauter Kreuzkarten.

5 b. Aus dem Spiel nimmt man die Kreuzkarten 7, 8, 9, 10 und das Ass. (Zeile 2)
Als oberste Karte hat man das Karo-Ass auf den Fächer gelegt. (Zeilen 10–11)

6 Hinter dem Rücken dreht man den Stapel um 180 Grad.

7 *So sollte deine überarbeitete Beschreibung aussehen:*

Material:
Für diesen Trick benötigt man ein altes Kartenspiel. Aus dem Spiel nimmt man die Kreuzkarten 7, 8, 9, 10 und das Ass. Außerdem braucht man eine Schere, Klebstoff, einen Bleistift und ein Lineal.

Vorbereitung:
Zunächst nimmt man die Karten 7, 8, 9 und 10 von Kreuz. Mit dem Lineal zeichnet man eine Linie von schräg links unten nach rechts oben und halbiert die Spielkarten mit der Schere. Die halben Kreuzkarten klebt man danach auf die passenden Karokarten 7, 8, 9 und 10. Jetzt kann man die vier veränderten Karten als Fächer in der Hand halten. Als oberste Karte hat man Karo-Ass auf den Fächer gelegt. Das Kreuz-Ass versteckt man so unter der Karo-7, dass es nicht sichtbar ist. Wenn alles richtig ist, sieht es aus, als ob man nur die Karokarten Ass, 10, 9, 8 und 7 in der Hand hält.

Durchführung:
Nun kann man den Zuschauern die roten Karten wie einen Fächer zeigen und dann zu einem Stapel zusammenschieben. Nun dreht man die Karten um, nimmt sie kurz hinter den Rücken und schiebt das Kreuz-Ass auf das Karo-Ass. Anschließend holt man die Karten wieder hervor und fächert sie vorsichtig auf. Jetzt zeigt man den Zuschauern zu ihrer Überraschung lauter Kreuzkarten. Damit der Trick gut funktioniert, sollte man ihn oft üben.

Das kann ich! – Auswertung	
27–35 Punkte	Du hast schon viel gelernt. Weiter so!
17–26 Punkte	Du kannst es sicher noch besser. Übe weiter.
0–16 Punkte	Probiere es noch einmal. Arbeite vorher die Seiten 14 bis 16 noch einmal durch.

Seite 18

2 a. *Diese Antworten auf die W-Fragen solltest du jeweils mit den passenden Farben markiert haben:*
Wann passierte es? 12. Mai 2010 um 11:00 Uhr
Wo passierte es? im Zoo
Was ist passiert? als diese Lena Jung ins Wasser gefallen ist, Mädchen aus dem kalten Wasser ziehen
Wer war beteiligt? Lena; ein Besucher, der Herr Demir; Tierpfleger, Herr Schmitz; der Notarzt
Wie kam es dazu? dass das Mädchen auf den Zaun geklettert ist, Lena ins Wasser gefallen, Herr Demir (...) Herrn Schmitz festgehalten, damit der das Mädchen aus dem kalten Wasser ziehen konnte
Was war die Folge? Unterkühlung festgestellt, mit ins Krankenhaus genommen

b. *Diese Sätze und Wortgruppen solltest du durchgestrichen haben:*
Mein Sohn Albert hat sich furchtbar erschrocken... Die Mutter, Frau Jung, kenne ich. Sie arbeitet in der Bäckerei, wo ich das leckere Krustenbrot kaufe. Es war aber auch dumm, dass das Mädchen auf den Zaun geklettert ist. Mein Albert würde so etwas zum Glück nie tun. Er ist vernünftig.

3 Was geschah der Reihe nach?
Unfall im Zoo, 12. Mai 2010, 11:00 Uhr, am Robbengehege, Mädchen, Lena, klettert auf Zaun, fällt ins Wasser, Besucher, Herr Demir, ruft sofort den Notarzt, der Tierpfleger Herr Schmitz zieht mit Hilfe von Herrn Demir Lena aus dem Wasser, Notarzt stellt Unterkühlung fest, nimmt Lena mit ins Krankenhaus

Seite 19

4 *Du kannst alle W-Fragen mit deinen Stichworten beantworten.*

5 Wann passierte der Unfall? *Der Unfall passierte am 12. Mai 2010 um 11:00 Uhr.*

Wo passierte der Unfall? *Der Unfall passierte im Zoo am Becken des Robbengeheges.*

Was ist passiert? *Ein Mädchen fiel in das nur 5 Grad warme Wasser des Beckens.*

Wer war beteiligt? *An dem Unfall war die siebenjährige Lena Jung beteiligt. An der Rettung waren der Tierpfleger Herr Schmitz und der Besucher Herr Demir beteiligt. Außerdem waren die Mutter des Mädchens und ein Notarzt anwesend.*

Wie kam es dazu? *Das Mädchen kletterte auf den Zaun und verlor vermutlich das Gleichgewicht.*

Was war die Folge? *Der Notarzt stellte eine Unterkühlung fest und brachte das Mädchen zur Kontrolle ins Krankenhaus.*

Seite 20

7 Zuerst kletterte die siebenjährige Lena Jung auf den Zaun des Robbengeheges. Dabei verlor sie vermutlich das Gleichgewicht und stürzte in das nur fünf Grad warme Wasser des Beckens im Robbengehege. Der Tierpfleger Herr Schmitz hatte den Sturz beobachtet und eilte sofort zur Unfallstelle. Der Besucher Herr Demir rief mit dem Handy sofort einen Notarzt. Danach half er dem Tierpfleger, das Mädchen aus dem Wasser zu retten. Dabei hielt er den Tierpfleger an seinem Overall fest. Sie brachten das nasse Mädchen zu seiner Mutter und legten es auf eine Bank. Der eingetroffene Notarzt stellte eine Unterkühlung fest und nahm das Mädchen zur Kontrolle mit ins Krankenhaus.

8 b.

Infinitiv	Präsens	Präteritum
fallen	sie fällt	sie fiel
beteiligt sein	sie ist beteiligt	sie war beteiligt
beteiligt sein	sie sind beteiligt	sie waren beteiligt
anwesend sein	sie sind anwesend	sie waren anwesend
klettern	sie klettert	sie kletterte
verlieren	sie verliert	sie verlor
feststellen	er stellt fest	er stellte fest
bringen	er bringt	er brachte
verlieren	sie verliert	sie verlor
stürzen	sie stürzt	sie stürzte
eilen	er eilt	er eilte
rufen	er ruft	er rief
helfen	er hilft	er half
festhalten	er hält fest	er hielt fest
bringen	er bringt	er brachte
legen	sie legen	sie legten
mitnehmen	er nimmt mit	er nahm mit

9 *So könnte dein Bericht aussehen:*

12. Mai 2010
Bericht über den Unfall am Robbengehege
Der Unfall passierte am 12. Mai 2010 um 11:00 Uhr im Zoo am Robbengehege. Die siebenjährige Lena Jung kletterte auf den Zaun am Becken und verlor vermutlich das Gleichgewicht. Eine Passantin sah das kletternde Mädchen. Lena stürzte in das nur fünf Grad warme Wasser. Während ich die Robben fütterte, beobachtete ich den Sturz und eilte ihr zu Hilfe. Auch der Besucher Herr Demir sah den Unfall und rief mit seinem Handy sofort den Notarzt. Danach half er mir bei der Rettung, indem er mich an meinem Overall festhielt. Wir brachten das Mädchen zu seiner Mutter und legten es auf eine Bank. Der Notarzt, der inzwischen angekommen war, untersuchte das Kind. Er stellte eine Unterkühlung fest und nahm es zur Kontrolle mit ins Krankenhaus.

Seite 21 – Das kann ich!

1 Wann passierte es? Wo passierte es? Was ist passiert? Wer war beteiligt? Wie kam es dazu? Was war die Folge? Was geschah der Reihe nach?

2 und **3**
Diese Verbformen solltest du markiert haben.
Die unterstrichenen Sätze kannst du für einen Bericht verwenden:
„Also, Lena und ich haben zu Weihnachten einen Gutschein für einen Zoobesuch bekommen. Heute hatte unsere Mutter endlich Zeit! Wir haben schon so lange gewartet. Zuerst waren wir im Streichelzoo, aber Lena fand, dass das nur etwas für kleine Kinder ist. Die Robben fanden wir immer schon toll. Und die Fütterung begann gerade. Also rannten wir schnell hin. Wir waren sehr neugierig. Lena meinte, dass man oben auf dem Zaun bestimmt besser sehen kann. Der Zaun ist nämlich sehr hoch. Für Lena geht es eigentlich noch, aber ich kann gar nicht drüberschauen. Trotzdem wollte ich nicht auf den Zaun. Aber Lena war auf einmal oben. Und dann war sie plötzlich weg! Ich hörte nur noch einen Schrei und dann einen Platscher. Ich hatte solche Angst."

4 *So könntest du die Notizen nummeriert haben:*

[8] mutige Besucher fingen die Eselin ein [2] Esel entlief [1] nach der Fütterung, 15:00 Uhr [10] Esel zurück im Gehege, nach 30 Minuten [4] ungefährliches, scheues Tier, weiblicher Esel, 5 Jahre alt [5] Tier lief im schnellen Galopp durch den Zoo [6] Eltern und Kinder sprangen schreiend zur Seite [9] Katharina lockte sie mit einer Möhre zurück in den Stall [11] alle unverletzt [3] Stalltür stand offen [7] aufgeregte Besucher alarmierten Katharina

5 *So könnte dein Bericht aussehen:*
Am 12. Mai 2010 nach der Fütterung um 15:00 Uhr entlief ein Esel im Zoo, weil die Stalltür offen gestanden hatte. Es handelte sich um ein ungefährliches, scheues Tier. Ein weibliches Tier, das 5 Jahre alt war. Das Tier lief im schnellen Galopp durch den Zoo. Eltern und Kinder sprangen schreiend zur Seite und aufgeregte Besucher alarmierten Katharina. Anschließend fingen mutige Besucher die Eselin ein und Katharina lockte sie mit einer Möhre zurück in den Stall. Nach 30 Minuten war der Esel zurück im Gehege. Alle Besucher und Mitarbeiter des Zoos blieben unverletzt.

Das kann ich! – Auswertung	
30–40 Punkte	Du hast schon viel gelernt. Weiter so!
19–29 Punkte	Du kannst es sicher noch besser. Übe weiter.
0–18 Punkte	Probiere es noch einmal. Arbeite vorher die Seiten 18 bis 20 noch einmal durch.

Seite 22

1 *Diese Meinungen solltest du blau markiert haben:*
Kletterparks sind langweilig.
Kletterparks sind cool.

Diese Argumente solltest du rot markiert haben, die Einleitung der Begründung ist hier unterstrichen:
Klettern ist keine Erholung, weil es total anstrengend ist.
Man lernt, wie stark eine Gruppe ist, weil man teilweise als Team durch den Parcours klettert.

2 a. *Diese Argumente solltest du rot markiert haben:*
Dieser Kletterpark ist absolut ungefährlich, weil jeder Kletterer mit einem Seil und einem Karabinerhaken gesichert wird.
Die Klassengemeinschaft wird durch den Besuch im Kletterpark gefördert, weil man lernt, sich gegenseitig zu helfen.

b. Es ist der Satz mit dem Buchstaben c.

3 a. *Diese Argumente könntest du ergänzt haben:*
Kletterparks sind sicher (Behauptung), denn jeder Kletterer wird mit einem Seil und einem Karabinerhaken gesichert (Argument).
Im Kletterpark ist für jeden etwas dabei (Behauptung), denn es gibt unterschiedlich schwierige Parcours (Argument).
Im Kletterpark kommt es nicht nur auf Kraft an (Behauptung), weil Gleichgewicht und Mut bei vielen Wegen viel wichtiger sind (Argument).

Seite 23

4 **Pro Kletterpark:**
Kletterparks sind sicher, denn jeder erhält das nötige Material zum Sichern. (1)
Klettern ist eine gute Übung gegen Leichtsinn, weil man seine Grenzen kennen lernt und die eigenen Fähigkeiten besser einschätzen kann. (6)
Klettern dient der Klassengemeinschaft, denn man hilft anderen und nimmt auf sie Rücksicht. (9)
Im Kletterpark ist für jeden etwas dabei, denn es gibt verschiedene Parcours mit verschiedenen Schwierigkeitsgraden für Anfänger, für Fortgeschrittene und für Profis. (2)
Im Kletterpark kommt es nicht nur auf Kraft an, weil man mit gutem Gleichgewichtssinn, Vorsicht und Geschicklichkeit dabei oft weiterkommt. (3)

Kontra Kletterpark:
Man kann sich im Kletterpark durchaus wehtun, denn der Parcours endet mit einer Seilrutsche. Dabei kann man unten hart landen. (4)
Ich werde mich bestimmt nicht trauen, über eine wackelige Hängebrücke zu gehen, weil ich Angst habe, dass die Mitschüler mich dabei auslachen werden. (5)
Ich kann nicht klettern, weil ich Höhenangst habe. (7)
Ich glaube nicht, dass der Kletterpark der Gruppe dient, weil am Ende doch jeder für sich allein über die Seile und Hängebrücken gehen muss. Dabei hilft einem niemand. (8)

5

Ich bin für (pro) einen Ausflug in den Kletterpark	Reihenfolge
Einen Tag im Kletterpark muss man nicht aufwändig planen, denn alles, was man für die Sicherheit braucht, bekommt man gestellt.	2
Klettern ist gut, denn man lernt seinen Körper besser kennen.	1
Kletterparks sind sicher, weil bei Gruppen immer ein Sicherheitstrainer mit dabei ist.	3

Ich bin gegen (kontra) einen Ausflug in den Kletterpark	Reihenfolge
Kletterparks sind für manche Menschen nicht geeignet, denn man muss sehr fit sein.	2
Ich möchte nicht mit in den Kletterpark, denn ich habe keine geeignete Kleidung zum Klettern.	1
Kletterparks dienen nicht der Klassengemeinschaft, weil die Schüler, die sportlich sind, sowieso wieder alles besser können.	3

Seite 24

6 *Dieses Beispiel solltest du blau markiert haben:*
... wie meine Kusine, die danach wochenlang blaue Flecke hatte.

7 Ich werde mich bestimmt nicht trauen, über eine wackelige Hängebrücke zu gehen, weil ich Angst habe, dass die Mitschüler mich dabei auslachen werden. Ich weiß noch, wie Jan ausgelacht wurde, als er voller Angst auf dem Einmeterbrett stand. (5)
Klettern dient der Klassengemeinschaft, denn man hilft anderen und nimmt auf sie Rücksicht. Wie beim Bergsteigen wartet man auf den Langsamsten und gibt den anderen Tipps. (9)
Im Kletterpark kommt es nicht nur auf Kraft an, weil man mit gutem Gleichgewichtssinn, Vorsicht und Geschicklichkeit dabei oft weiterkommt. Wer zum Beispiel auf dem Schwebebalken balancieren kann, hat es einfacher. (3)
Ich kann nicht klettern, weil ich Höhenangst habe. Als ich im Urlaub mit meinen Eltern auf einer Klippe stand, konnte ich mich vor Angst nicht mehr bewegen. (7)

8 a. *Die Lösung zu dieser Aufgabe findest du unter Lösung 5 von Seite 23.*

Seite 25 – Das kann ich!

1 Deine Stellungnahme überzeugt, wenn du deine *Behauptungen* (*Meinungen*) mit *Argumenten* (*Begründungen*) begründest. Argumente werden anschaulicher, wenn du sie mit *Beispielen* verdeutlichst.

2 *Diese Behauptungen solltest du blau markiert und den Argumenten mit diesen Ziffern zugeordnet haben:*
Einen Besuch im Spaßbad müssen wir nicht aufwändig vorbereiten. (4)
Im Spaßbad kann man wichtige Dinge für den Urlaub am Meer lernen. (6)
Das Spaßbad ist kein Ausflugsziel für die ganze Klasse. (5)
Ein Besuch im Spaßbad kann ein ganz besonderes Gemeinschaftserlebnis sein. (7)
Ein Besuch im Spaßbad ist ein günstiges Vergnügen. (3)
Für echte Schwimmer ist das Spaßbad langweilig. (1)
Im Spaßbad haben nicht alle ihren Spaß. (2)

Diese Argumente solltest du rot markiert haben:
... denn man kann dort nicht richtig schwimmen.
... weil die schlechteren Schwimmer von den anderen oft geärgert werden.
... weil es in der Stadt ist und wir mit den Schülertickets hinfahren können.
... denn eine Voranmeldung per Telefon genügt und Schwimmsachen hat jeder.
... weil einige wegen des hohen Preises nicht mitkommen können.
... denn im Wellenbecken kann man üben, durch Wellen zu tauchen und in Wellen zu schwimmen.
... weil es viele Möglichkeiten für Spiele in Gruppen gibt.

3 Mit aufblasbaren Kissen kann man gemeinsam eine Brücke bauen, über die man nur balancieren kann, wenn die anderen die Kissen im richtigen Moment halten. (7)
Im Sommer im Freibad haben mich andere nassgespritzt und untergetaucht. (2)

4 *So könntest du den Brief überarbeitet haben:*
Fürstenberg, den 13. Mai 2010
Sehr geehrter Herr Lang,
in zwei Wochen möchten wir, die Klasse 6 a, einen Ausflug ins Spaßbad nach Neustadt machen. Wir sind für den Ausflug und möchten Sie überzeugen, ihn zu genehmigen. Im Spaßbad kann man viel lernen, zum Beispiel für den Urlaub am Meer. Im Wellenbecken kann man üben, durch Wellen zu tauchen und in Wellen zu schwimmen. Außerdem dient diese Fahrt der Klassengemeinschaft, denn es gibt dort viele Möglichkeiten für Spiele in Gruppen. Zum Beispiel kann man mit aufblasbaren Kissen eine Brücke bauen, über die man nur balancieren kann, wenn die anderen sie im richtigen Moment halten. So wird unser Teamgeist gefördert. Auch wäre es für uns als Klasse ein günstiges und unaufwändiges Vergnügen, da das Spaßbad in der Stadt ist und wir es mit den Schülertickets erreichen. Schwimmsachen haben wir auch alle. Wir bitten Sie aus diesen Gründen darum, unseren Antrag zu genehmigen.
Mit freundlichen Grüßen Peter Meier

Das kann ich! – Auswertung	
27–35 Punkte	Du hast schon viel gelernt. Weiter so!
17–26 Punkte	Du kannst es sicher noch besser. Übe weiter.
0–16 Punkte	Probiere es noch einmal. Arbeite vorher die Seiten 22 bis 24 noch einmal durch.

Seite 26

2 *So könnten deine beiden Notizen aussehen:*
1 Für Mama! Frau Bunt hat angerufen, dringend zurückrufen bis 21:00 Uhr;
2 E-Mail an Leonie: Adresse, Telefonnummer und E-Mail-Adresse von Knut, SMS an Adam: Ausfall 1. Stunde und Mathebuch

Seite 27

3 und **4**
An: *leonie.grebma@einoel.de*
Betreff: Kontaktangaben Knut
Anlagen: *Foto-Leonie-15.9.jpg*

Hallo, *Leonie,*
wie versprochen hier die Kontaktangaben von *Knut Ludwig: Seestraße 4, 23456 Knutsburg am Ludwigssee, Telefon: 01234/56789, E-Mail: giwdul.tunk@grubstunk.de.*
Viele *Grüße Sascha*

PS: Anbei noch *ein Foto von dir* von *der Klassenfahrt.*

Seite 28

5 *So könntest du die SMS übersetzt haben:*
SMS 1:
Hi, Adam, die erste Stunde fällt aus. Das finde ich prima. Schlaf weiter. Und Frau Koops hat gesagt, du sollst das neue Mathebuch mitbringen. Oder willst du sie etwa enttäuschen? So verliebt, wie du in sie bist! Ist nicht so gemeint. Wir sehen uns Sascha

SMS 2:
Moin, Adam, voller Erfolg. Tschaka. Herrn Brinke hast du noch angesteckt. Da roll ich mich lachend über den Boden. Du kannst noch für deine Lieblingslehrerin lernen. Und bring das neue Mathebuch mit. Ich bin besorgt, denn ich verstehe da nichts. Da kann ich nur mit dem Kopf schütteln. Liebe Grüße Sascha

SMS 3:
Hey, Adam, Herr Brinke ist krank. Die erste Stunde ist frei. Ich bin erleichtert. Frau Koops will das neue Mathebuch anfangen. Ich werde böse, wenn du es nicht mitbringst! Du hast es bestimmt schon gelesen und es unter dem Kopfkissen liegen. So wie du das immer machst, du alter Streber. Ciao Sascha

6 *Diese SMS könntest du geschrieben haben:*
Hallo, Frau Moor, können Sie Adam bitte sagen, dass morgen die 1. Stunde ausfällt und er das neue Mathebuch mitbringen soll? Viele Grüße Sascha

Seite 29 – Das kann ich!

1 b. *Leonie hat statt dem Zeichen @ ein Q geschrieben. Die richtige E-Mail-Adresse lautet:*
ahcsas.renegaw@einoel.de

c. *Es fehlt eine Leerzeile nach der Anrede. Vor dem Gruß am Ende kann man auch eine Leerzeile setzen.*

d. Leonie hat vergessen, die Fotos an die E-Mail anzuhängen.

e. *Das Ende der E-Mail sollte so lauten:*
Liebe Grüße Leonie
PS: Anbei zwei Fotos von dir.

2 Das Datum erscheint bei einer E-Mail automatisch.

3 *So könnte dein Brief aussehen:*
10.10.2010

Hallo, Sascha,
ich danke dir für Knuts E-Mail-Adresse. Ich fand es lustig, dass er seinen Namen genauso umgedreht hat wie wir. Ich wollte mich auch für das Foto bedanken, aber ich grinse da wieder so. Eigentlich mag ich keine Fotos von mir.
Liebe Grüße Leonie
PS: Ich schicke dir auch zwei Fotos von dir mit.

Das kann ich! – Auswertung	
15–20 Punkte	Du hast schon viel gelernt. Weiter so!
10–14 Punkte	Du kannst es sicher noch besser. Übe weiter.
0–9 Punkte	Probiere es noch einmal. Arbeite vorher die Seiten 26 bis 28 noch einmal durch.

Seite 30

3 Hauptperson und Situation: (Frage b) Frau im Auto, Rückweg vom Einkaufen am Sperrmülltag, sieht Projektor, Reinbek bei Hamburg
Wunsch: (Frage e) den Projektor für ihren Mann mitnehmen
Hindernis: (Frage d) die Polizei nimmt sie mit
Reaktion: (Frage a) ruft Mann an
Ende: (Frage c) Missverständnis klärt sich auf

Seite 31

4 a. Eine *Kassiererin* einer *Tankstelle* bei *Flensburg,* deren *Tochter* in einem *Kindergarten* arbeitet, dessen *Leiterin* die *Schwester* der Hauptperson ist.

b. *Du hast bestimmt A angekreuzt.*

5 b. *Im Text kommen die Zeitformen Präsens und Perfekt vor.*

c. *Besonders häufig kommt die Zeitform Präsens vor.*

Seite 32

11 b. *So könnte deine Überarbeitung aussehen:*
Das verschwundene Radargerät
In einem Büro in Hamburg erzählt ein Mitarbeiter in der Mittagspause seinem Chef: „Mein Bruder arbeitet doch in Lübeck. Wissen Sie, was dem Vater des Schulfreundes seines Sohnes passiert ist?
Der Mann arbeitet bei der Verkehrspolizei und an dem Tag haben sie ganz frühmorgens mehrere Radarfallen aufgestellt. Er fährt mittags mit einem Kollegen zu den Geräten, weil sie diese kontrollieren wollen. An einer Stelle kurz vor Flensburg ist kein Gerät. Jemand hat es gestohlen. ‚Wer entwendet der Polizei ein Radargerät?',

fragt der Polizist seinen Kollegen. ‚Jemand, der gerade geblitzt wurde', antwortet dieser und vermutet: ‚Der weiß nicht, dass die Bilder sofort an die Zentrale gesendet werden.' Der andere Polizist schlägt vor: ‚Wir sehen die Bilder durch.' ‚Ja, der Täter muss dabei sein', stimmt der Kollege ihm zu. Sie fahren also in die Zentrale. Es gibt 34 Bilder von Autos mit überhöhter Geschwindigkeit. Sie prüfen zuerst die Fahrer, die besonders schnell gefahren sind, denn für die wäre die Strafe besonders hoch. Da kommt die Meldung durch den Funk, dass bei einer Routinekontrolle eine Frau mit einem Radargerät im Kofferraum aufgegriffen wurde. Als die Frau in die Zentrale kommt, sind die Polizisten erleichtert, dass es sich tatsächlich um das gesuchte Gerät handelt. Die Frau aber haben sie auf keinem der 34 Bilder gesehen. Ihre Erklärung klingt verrückt: Es ist nur schwer zu glauben, dass sie die Radarfalle für einen Filmprojektor hielt. Aber als ihr Mann schließlich kommt und seine Frau unterstützt, schicken die Polizisten die beiden nach Hause."

Seite 33 – Das kann ich!

1 *In diese Reihenfolge solltest du die Absätze geordnet haben:*
1. Hauptperson und Situation: Lydia ist 11 Jahre alt und brauchte damals dringend neue Schuhe.
2. Wunsch: Kyra aus der 6 b hatte genau diese Schuhe, die sie schon seit Wochen haben wollte.
3. Hindernis: Die Schuhe waren leider sehr teuer.
4. Reaktion: Sie überlegte, wie sie ihren Vater dazu überreden könnte, ihr die Schuhe zu kaufen. Da kam ihr die Idee. Er schimpfte die ganze Zeit, dass er noch das Auto waschen muss. Und gleich kam die Sportschau.
5. Ende: Als sie es ihm vorschlug, sah der Vater sie lachend an und fragte, was sie denn dafür will.

2 *Wörtliche Rede könntest du zum Beispiel nach dem Handlungsbaustein* Reaktion *verwenden:*
„Lieber Papa", sagte Lydia, „du freust dich doch bestimmt, wenn ich jetzt dein Auto wasche?"

3 *Diese Überschrift könntest du dir ausgedacht haben:*
Ein sauberer Weg zu neuen Schuhen

4 **Wunsch:** möchte die Sportschau sehen
Hindernis: muss sein Auto waschen
Reaktion: nimmt das Angebot seiner Tochter an
Ende: die Tochter wäscht das Auto

Das kann ich! – Auswertung	
30–40 Punkte	Du hast schon viel gelernt. Weiter so!
19–29 Punkte	Du kannst es sicher noch besser. Übe weiter.
0–18 Punkte	Probiere es noch einmal. Arbeite vorher die Seiten 30 bis 32 noch einmal durch.

Seite 34

2 und **3** b.
Doch beißt sie ein Windstoß von Zeit zu *Zeit* c
Und zaust ihnen eisig das Federkleid c
Und bringt ihren Ast arg ins Schwanken, d
geraten die Träume ins *Wanken*. d

Dann rucken sie hin und rucken sie her, e
die frierenden Finken, und träumen nicht mehr. e
Und ich höre sie, so will es mir scheinen, f
ganz leise auf Finkenart *weinen*. f

3 c. *Das Reimschema des Gedichts ist der* Paarreim.

4 b. Das Gedicht „Drei Finken" von Wolf Harranth besteht aus drei Strophen mit jeweils vier Versen. Das Reimschema des Gedichts ist der Paarreim.

Seite 35

6 b. | b | „sommersonnigen"
| a | „beißt sie ein Windstoß"
| d | „Träume geraten ins Wanken"
| c | „rucken sie hin und rucken sie her"
| a | „auf Finkenart weinen"

8 a. *So könnte dein Ergebnis aussehen:*
Das Gedicht „Drei Finken" von Wolf Harranth besteht aus drei Strophen mit jeweils vier Versen. Das Reimschema des Gedichts ist der Paarreim. In dem Gedicht werden verschiedene sprachliche Bilder verwendet. Es werden menschliche Eigenschaften auf Tiere oder anderes übertragen („beißt sie ein Windstoß", Zeile 5), neue Wörter gebildet („sommersonnigen", Zeile 1), Wörter oder Wortgruppen wiederholt („rucken sie hin und rucken sie her", Zeile 9) und vorgestellte Dinge tun etwas oder bewegen sich („Träume geraten ins Wanken", Zeile 8).

Seite 35 – Das kann ich!

1 Paarreim = *aabb*,
Kreuzreim = *abab*,
umarmender Reim = *abba*

2 a. *Diese Reimwörter könntest du gefunden haben:*
Regen, Segen, fegen, regen, legen, …
Meise, Reise, weise, leise, Preise, …

3 Verse

4 Eine bestimmte Anzahl verbundener Verse nennt man Strophe.

5 Gedichte werden durch sprachliche Bilder anschaulich.

Das kann ich! – Auswertung	
15–20 Punkte	Du hast schon viel gelernt. Weiter so!
10–14 Punkte	Du kannst es sicher noch besser. Übe weiter.
0–9 Punkte	Probiere es noch einmal. Arbeite vorher die Seiten 34 und 35 noch einmal durch.

Seite 36

1 c. Mit | ter | nacht
Nacht | wan | de | rung
stock | fins | ter
to | ten | still
Klas | sen | leh | rer
um | keh | ren
fie | len
schließ | lich

2

Wörter mit fünf Silben	
un | an | ge | neh | me	Un | ter | richts | stun | de

Wörter mit vier Silben	Wörter mit drei Silben	Wörter mit zwei Silben
Nacht | wan | de | rung	Mit | ter | nacht	fie | len
Klas | sen | leh | rer	stock | fins | ter	schließ | lich
in | te | res | sant	to | ten | still	viel | leicht
Erd | beer | ku | chen	um | keh | ren	Ver | kehr

Seite 37

4 a. + b.
der Win*d*, stürmische *Winde*, also *d*
bekann*t*, die *bekannte* Person, also *t*
der Freun*d*, echte *Freunde*, also *d*
das Pfun*d*, zu viele *Pfunde*, also *d*
gesun*d*, eine *gesunde* Ernährung, also *d*

c. spannen*d*, der Aben*d*, der Stran*d*, bun*t*, die Gestal*t*, das Zel*t*

5 a. + b.
schlan*k*, der *schlanke* Sportler, also *k*
stren*g*, der *strenge* Lehrer, also *g*
Erfol*g*, große *Erfolge*, also *g*
Ber*g*, riesige *Berge*, also *g*
Geträn*k*, kalte *Getränke*, also *k*
Geschen*k*, viele *Geschenke*, also *k*

c. die Ban*k*, der Gesan*g*, lan*g*, der Krie*g*, das Vol*k*, star*k*

6 sie baten, also: sie ba*t*; sie rieten, also: er rie*t*;
sie springen, also: sie spring*t*; sie gelingen, also: es geling*t*; wir standen, also: er stan*d*; sie denken, also: er denk*t*; wir schminken, also: sie schmink*t*; wir banden, also: sie ban*d*; sie winkten, also: er wink*t*

Seite 38

7 b. + c.
Zelten am Strand
„Hast du schon mal in einem Zel*t* am Stran*d* übernachtet? Es macht viel Spaß, ist spannen*d* und gesun*d*", sagt mein großer Bruder. „Aber bei Win*d* kann es kal*t* werden", meint meine Schwester. „Mein Freun*d* Klaus und ich haben es selbst mit Erfol*g* ausprobiert. Wir fühlten uns richtig star*k* und gegen Win*d* und Kälte wirk*t*en warme Geträn*k*e hervorragend", antwortet mein Bruder. Ich denke, dass ich beim nächsten Mal dabei bin.

8 das Päckchen kommt von *packen*, also ä
die Sträuße kommt von der *Strauß*, also äu
schädlich kommt von der *Schaden*, also ä
tatsächlich kommt von die *Tatsache*, also ä
quälen kommt von die *Qual*, also ä
du läufst kommt von *laufen*, also äu
kräftig kommt von die *Kraft*, also ä
täglich kommt von der *Tag*, also ä

10 Wenn etwas anders wird, dann hat es sich ver*ändert*.
Laut *läuten* die Glocken der Kirche.
Klar doch! Ich werde dir die Aufgabe er*klären*.
Das nasskalte Wetter ist schuld. Nun habe ich eine *Erkältung*.
Schreibe diesen Satz noch einmal. Die übrigen *Sätze* sind in Ordnung.

Seite 39 – Das kann ich!

1 das *Gliedern*, das *Verlängern* und das *Ableiten*

2 in | te | res | sant, viel | leicht,
die Schul | hof | ge | stal | tung,
die Ju | gend | her | ber | ge

3 Das *Verlängern* bringt die Entscheidung.

4 bekann*t*, eine sehr *bekannte* Person, also *t*
Geträn*k*, die kalten *Getränke*, also *k*
Vol*k*, die kriegerischen *Völker*, also *k*
spannen*d*, die *spannende* Geschichte, also *d*

5 Diese Medizin wirk*t*. Die Pillen *wirken*. also *k*
Der Sprung gelin*gt*. Die Sprünge *gelingen*. also *g*

6 Du kannst Wörter mit **ä** oder **äu** von verwandten Wörtern *ableiten*.

7 das Gebäude, kräftig, die Sträuße, ängstlich

8 vielleicht, der Erfolg, schädlich, das Gebäude

Das kann ich! – Auswertung	
21–29 Punkte	Du hast schon viel gelernt. Weiter so!
13–20 Punkte	Du kannst es sicher noch besser. Übe weiter.
0–12 Punkte	Probiere es noch einmal. Arbeite vorher die Seiten 36 bis 38 noch einmal durch.

Seite 40

1 anfahren, auffahren, verfahren, abfahren, ausfahren, befahren, überfahren, losfahren, einfahren, fortfahren, hinfahren, mitfahren, durchfahren

2 *Diese Wörter könntest du eingesetzt haben:*
Mit dem Fahrrad zur Schule
Wenn ich morgens früh *losfahre*, will meine kleine Schwester meist auf ihrem Dreirad *mitfahren*. Das geht natürlich nicht, denn meine Strecke wird von vielen Autos *befahren*. Von der Brücke aus sehe ich oft den ICE *durchfahren*. Er hält bei uns nicht. Aber lange schauen darf ich nicht, denn ich muss zurzeit eine Baustelle *umfahren*. Beim ersten Mal habe ich mich dabei *verfahren* und kam zu spät.

3 verirren, versuchen
bestimmen, betreten, behalten
entnehmen, entlocken, entdecken
erstarren, erfinden, eröffnen

Seite 41

4 nervenstark, sauerstoffreich, meterhoch, schneeweiß, steinhart, hautfreundlich, himmelblau, todmüde

5 Nach der langen Wanderung war ich *todmüde*.
Dieses Shampoo ist besonders *hautfreundlich*.
Beim Hochwasser stand das Wasser *meterhoch* in den Straßen.
Die Überraschung: Zu Weihnachten war die Welt plötzlich *schneeweiß*.

6 der Privatbesitz, die Großfamilie, die Kaltfront, der Tiefpunkt, der Leckerbissen

7 das Kreuzfahrtschiff, das Handballspiel, der Lebensmittelmarkt, das Wintersportwetter, die Autobahnpolizei

Seite 42

8 wirk(en) + sam = *wirksam*
bezahl(en) + bar = *bezahlbar*
durchführ(en) + bar = *durchführbar*
erhol(en) + sam = *erholsam*
einpräg(en) + sam = *einprägsam*
hör(en) + bar = *hörbar*

Seite 42 – Das kann ich!

1 a. Verben verbinden sich besonders häufig mit den Vorsilben *ver-*, *ent-*, *be-* und *er-*.

b. *Diese Verben könntest du gebildet haben:*
versorgen, verstehen, enthalten, entstehen, besorgen, behalten, erleben, ergeben

2 zentnerschwer, regennass, liebevoll, nervenschwach

3 *Diese Bausteine könntest du eingesetzt haben:*
Adjektive: stein*hart*, sauerstoff*reich*
Verben: *an*fahren, *ent*laden, *be*stimmen, *er*öffnen

4 das Handballspiel, der Haustürschlüssel, der Gartenbaubetrieb

5 entwickel(n) + bar = *entwickelbar*
liefer(n) + bar = *lieferbar*
wach(en) + sam = *wachsam*
acht(en) + sam = *achtsam*

6 die Süßware(n), das Warmwasser, der Blaumann, das Gelbfieber

Das kann ich! – Auswertung	
24–33 Punkte	Du hast schon viel gelernt. Weiter so!
15–23 Punkte	Du kannst es sicher noch besser. Übe weiter.
0–14 Punkte	Probiere es noch einmal. Arbeite vorher die Seiten 40 bis 42 noch einmal durch.

Seite 43

1 b. + c.

das macht's	**zum** macht's	**beim** macht's
das Schwimmen	zum Schwimmen	beim Schwimmen
das Lesen	zum Lesen	beim Lesen
das Lachen	zum Lachen	beim Lachen
das Laufen	zum Laufen	beim Laufen
das Sprechen	zum Sprechen	beim Sprechen
das Antworten	zum Antworten	beim Antworten

2 das falsche Parken, das laute Schreien, das lange Fahren, das schnelle Lesen, das spannende Erzählen, das geduldige Üben, das leise Flüstern

3 Du kannst mir das Lachen nicht verbieten.
Ich werde dir beim Schreiben des Briefes helfen.
Endlich war das lange Warten vorbei.
Wir treffen uns um 15:00 Uhr zum gemeinsamen Üben.

Seite 44

4 die Schwierigkeit, die Traurigkeit, die Kreuzung, die Wohnung, die Sicherheit, die Gesundheit, die Ernährung, die Klugheit, die Dankbarkeit, die Tapferkeit, die Frechheit

5 Auf der Kreuzung kam es zu einem Zusammenstoß.
Mit großer Tapferkeit ertrug er die starken Schmerzen nach dem Unfall.
Tu etwas für deine Gesundheit, iss mehr Obst und Gemüse!
Ihre Dankbarkeit war groß, als sie so viel unerwartete Hilfe bekam.

6 süß: etwas, nichts, viel Süßes
neu: etwas, nichts, viel Neues
interessant: etwas, nichts, viel Interessantes
lieb: etwas, nichts, viel Liebes
gesund: etwas, nichts, viel Gesundes

7 b. und c.
So könnten deine Sätze lauten:
Viel Schönes wünsche ich mir zum Geburtstag.
Nichts Passendes fanden wir beim Einkaufen in der Stadt.
Etwas Wunderbares habe ich heute Nacht geträumt.
Viel Gutes erlebte ich in den Ferien.
Etwas Peinliches ist mir heute in der Schule passiert.

Seite 45 – Das kann ich!

1 Der Artikel *das* und die Wörter *beim* und *zum* machen's!
Beispiele: das Flüstern, beim Üben, zum Schreien

2 Achtung! Zwischen *das*, *beim* und *zum* und dem Nomen kann ein Adjektiv stehen. Die *Großschreibung* des Verbs bleibt. Das Adjektiv wird natürlich *kleingeschrieben*.
Beispiele: das leise Flüstern, das laute Schreien, das fleißige Üben

3 Die Endungen *-keit*, *-heit* und *-ung* machen's!
Beispiele: die Schönheit, die Beschreibung, die Pünktlichkeit

11

zu Seite 45

4 Die Planung und Vorbereitung unseres Klassenfestes war endlich zu Ende. Das Fest begann. Beim Spielen hatten wir viel Spaß. Etwas Besonderes hatten wir für den Schluss geplant. Unserer Klassenlehrerin wurden die Augen verbunden und sie musste verschiedene Geräusche erklären, die wir im Klassenraum erzeugten, zum Beispiel das Umkippen eines Stuhls. Mit großer Sicherheit erkannte sie die Unterschiedlichkeit der Geräusche. Nur einmal konnte sie nichts antworten. Es ging dabei um das absichtliche Quietschen mit Kreide beim Malen an der Tafel. Natürlich gab es auch etwas Leckeres zum Essen und zu trinken.

Das kann ich! – Auswertung	
18–23 Punkte	Du hast schon viel gelernt. Weiter so!
12–17 Punkte	Du kannst es sicher noch besser. Übe weiter.
0–11 Punkte	Probiere es noch einmal. Arbeite vorher die Seiten 43 und 44 noch einmal durch.

Seite 46

1 irgendetwas, irgendwelche, irgendjemand, irgendwoher, irgendwie, irgendwo, irgendein, irgendwann

2 Meine Mutter sagte zu uns: „Einer von euch beiden hat gelogen."
Jan sagte zu seinem Freund: Wir beide sind dicke Freunde. Für immer."
Marie erklärte ihrem Vater: „Diese beiden gehören nicht in unsere Klasse."
Unser Klassenlehrer stellte fest: „Es waren die beiden dort, die zu spät kamen."

Seite 47

3 der Vormittag – aber: vormittags
der Mittag – aber: mittags
der Nachmittag – aber: nachmittags
der Abend – aber: abends
die Nacht – aber: nachts

Seite 47 – Das kann ich!

1 Das Wort **beide(n)** wird *immer kleingeschrieben.*
Beispiele: *wir beide, die beiden*
Beispielsatz: *Die beiden sind echte Freunde.*

Tageszeiten mit einem s am Ende *werden immer kleingeschrieben.*
Beispiele: *nachmittags, abends*
Beispielsatz: *Ich spiele gerne nachmittags.*

Wortverbindungen mit **irgend-** werden *immer zusammengeschrieben.*
Beispiele: *irgendwo, irgendwann*
Beispielsatz: *Hier klingelt irgendwo ein Handy.*

2 irgendetwas, irgendwoher, die beiden, morgens, mittags, abends, irgendwo, euch beiden, irgendjemand

Das kann ich! – Auswertung	
13–18 Punkte	Du hast schon viel gelernt. Weiter so!
8–12 Punkte	Du kannst es sicher noch besser. Übe weiter.
0–7 Punkte	Probiere es noch einmal. Arbeite vorher die Seiten 46 und 47 noch einmal durch.

Seite 48

1 Wörter mit i ohne e: gib, der Igel, das Kaninchen, mir, wir
Wörter mit ie: liegen, die Biene, das Ziel, das Bier, die Ziege, biete, die Wiese, der Brief, die, der Dieb, der Diener, der Dienstag, dieser, vier, viel, verschieden, verlieren, fließen, die Fliege, der Frieden, frieren, das Tier, tief, ziehen, der Stiefel, spielen, der Spiegel, sieben, gießen, hier, sie, schmieren, schließen, die Schiene, schief, schieben, der Riese, riechen, piepen, das Papier, niemand, nieder, nie, fliehen, liegen, das Lied, lieb

2 Sehr häufig wird das **lang gesprochene i** als *ie* geschrieben.
Eher selten wird das **lang gesprochene i** als *i* geschrieben.

Seite 49

3 dir, gib, der Igel, das Kaninchen, mir, wir

4 *Gib* uns bitte den Ball zurück! Ich schenke *dir* ein Buch. *Wir* schreiben morgen eine Klassenarbeit. In unserem Garten entdeckte ich einen *Igel* und ein *Kaninchen*.

5 g*i*b, der *I*gel, das Kan*i*nchen, m*i*r, w*i*r

Seite 49 – Das kann ich!

1 *Sehr häufig* wird das **lang gesprochene i** als **ie** geschrieben.
Eher selten wird das **lang gesprochene i** als **i** geschrieben.

3 gib, dir, hier, das Kaninchen

Das kann ich! – Auswertung	
10–14 Punkte	Du hast schon viel gelernt. Weiter so!
6–9 Punkte	Du kannst es sicher noch besser. Übe weiter.
0–5 Punkte	Probiere es noch einmal. Arbeite vorher die Seiten 48 und 49 noch einmal durch.

Seite 50

2 Wörter mit a/ä: der Bär, die Dame, das Gras, der Faden, (sie) kamen, der Schal, sparen, (sie) waren, spät, nämlich
Wörter mit o/ö: hören, holen, die Krone, der Monat, die Not, schön, stören
Wörter mit u/ü: die Blume, grün, spüren, nun, die Schule, der Flur, gut, tun, müde
Wörter mit e: dem, wenig, schwer, wem

3 b. *Diese Wörter solltest du markiert haben:*
grünen, Gras, waren, müde, schwere, hören, spüren, Bär, stören

Seite 51

4 Akim und Sarah treffen sich jeden Morgen auf dem Weg zur *Schule*. Sarah ist oft noch sehr *müde*. Akim trägt dann für sie die *schwere* Tasche. Über den *grünen* Rasen des Parks laufen sie immer gemeinsam. Eigentlich müsste man sagen „durch den Rasen", denn das *Gras* ist dort lange nicht gemäht worden. In der *Krone* eines Baums nistet ein großer Vogel. Sarah und Akim kennen seinen Namen nicht. Sie finden es aber jedes Mal *schön*, wenn sie ihn fliegen sehen. Meistens müssen sie danach rennen – dann ist es *nämlich* oft schon etwas zu *spät*.

5 a. + b.
Nomen mit Artikel: die Blume, der Bär, die Dame, das Gras, der Faden, der Schal, die Krone, der Monat, die Not, die Schule, der Flur, der Weg, der Rasen, der Vogel, der Name, das Mal
Verben: (sie) kamen, sparen, (sie) waren, hören, holen, stören, spüren, tun
sonstige Wörter: spät, nämlich, schön, grün, nun, gut, müde, dem, wenig, schwer, wem, großer

6 *Ähnliche Sätze könntest du gebildet haben:*
Die Dame hat ihren grünen Schal verloren.
Sie kamen jeden Tag zu spät zur Schule.

Seite 52

7 und **8**
Verben mit Vorsilben: erwählen, bewohnen, befahren, anfühlen, bezahlen, verkehren, anführen, belohnen
Nomen mit Artikel: die Wahl, die Wohnung, die Fahrt, das Gefühl, die Zahl, der Verkehr, die Gefahr, die Uhr, der Fehler, das Jahr
Adjektive: wählbar, wohnlich, fahrtüchtig, fühlbar, zählbar, verkehrstüchtig, ehrlich, berühmt, beruhigt, gefährlich
sonstige Wörter: sehr, ohne

9 Eine wichtige Überprüfung
Vor jeder längeren *Fahrt* mit unserem Auto überprüft mein Vater, ob es auch wirklich *fahr*tüchtig ist. Er sagt: „So bin ich *beruhigt* und habe ein gutes *Gefühl*. Denn Reifen *ohne* ausreichendes Profil sind eine *Gefahr*, weil der Bremsweg auf regennasser Fahrbahn dadurch länger wird."

Seite 53

10 fahren, befahren, die Fahrt, fahrtüchtig
fühlen, anfühlen, das Gefühl, fühlbar
kehren, verkehren, der Verkehr, verkehrstüchtig

11 Die Sportlerin des Jahres
In einer Fernsehsendung wurde die Wahl zur Sportlerin des Jahres gezeigt. Das Ergebnis hat mich – ehrlich gesagt – sehr überrascht. Es siegte eine mir unbekannte Gewichtheberin – nicht der berühmte Frauenfußballstar.

Seite 53 – Das kann ich!

1 In den meisten Wörtern steht *kein h* nach einem **lang gesprochenen Vokal (a, e, o, u)** oder **Umlaut (ä, ö, ü)**.
Beispiele: schwer, die Schule, rasen

Einige **wenige Wörter** werden nach lang gesprochenen Vokalen (a, e, o, u) oder Umlauten (ä, ö, ü) **mit h** geschrieben. Sie behalten das *h in allen Wortformen* der Wortfamilie. Einmal h – immer h!
Beispiele: die Fahrt, fahren, fahrtüchtig

2 kamen, sehr, nämlich, der Verkehr

Das kann ich! – Auswertung	
17–22 Punkte	Du hast schon viel gelernt. Weiter so!
11–16 Punkte	Du kannst es sicher noch besser. Übe weiter.
0–10 Punkte	Probiere es noch einmal. Arbeite vorher die Seiten 50 bis 53 noch einmal durch.

Seite 54

1 Sie glaubt, (dass) sie genug geübt hat.
Ich bin mir sicher, (dass) ich nichts vergessen habe.
Enttäuscht sagte er, (dass) man ihn nicht eingeladen hat.
Wir wünschen dir, (dass) du den Wettkampf gewinnst.
Ich habe das Gefühl, (dass) du nicht die Wahrheit gesagt hast.

2 Ich weiß genau, (dass) ich es schaffe.
Es tut mir leid, (dass) ich dich enttäuscht habe.
Ich denke, (dass) wir morgen kommen.

3 *Diese Satzanfänge könntest du ergänzt haben:*
Ich bin mir sicher, (dass) die Zeit knapp wird.
Ich glaube, (dass) ich bestimmt versetzt werde.

4 *Diese dass-Sätze könntest du aufgeschrieben haben:*
Ich freue mich, (dass) ich in den Ferien ausschlafen kann.
Es tut ihm leid, (dass) er nicht pünktlich da ist.

Seite 55

5 Liebe Oma, lieber Opa!
Herzlichen Dank für das tolle Geschenk. Ich habe mich sehr gefreut, (dass) ihr meinen großen Wunsch erfüllt habt. Schade, (dass) ihr beide nicht kommen konntet. Ich denke aber, (dass) wir am Wochenende eine Geburtstagsnachfeier machen könnten. Ich verspreche, (dass) die Torte besonders groß sein wird. Klar ist, (dass) ich noch mit Mama und Papa sprechen muss. Ich denke aber, (dass) es klappen wird. Ich melde mich noch einmal.
Euer Jan

Seite 55 – Das kann ich!

1 Vor dem Wort **dass** steht immer ein *Komma*.
In Briefen und auf Postkarten kommen oft *dass-Sätze* vor.

2 *So könntest du die Satzanfänge ergänzt haben:*
Ich denke, dass hier etwas nicht stimmt.
Ich weiß, dass du mir vertraust.
Ich wünsche mir, dass ich versetzt werde.

3 Hi, Sophie,
herzliche Grüße aus Köln. Ich hoffe, dass es dir gut geht. Mir geht es sehr gut. Gestern haben wir den Kölner Dom bestiegen. Ich muss sagen, dass der wirklich groß ist. Ich freue mich, dass wir heute Nachmittag eine Schifffahrt auf dem Rhein machen. Der Rhein ist riesig. Ich glaube, dass ich diese Klassenfahrt nie vergessen werde. In drei Tagen bin ich wieder zu Hause.
Ciao Marie

Das kann ich! – Auswertung	
15–20 Punkte	Du hast schon viel gelernt. Weiter so!
10–14 Punkte	Du kannst es sicher noch besser. Übe weiter.
0–9 Punkte	Probiere es noch einmal. Arbeite vorher die Seiten 54 und 55 noch einmal durch.

Seite 56

1 Ich wünsche mir zum Geburtstag einen Fußball, ein Buch oder eine Hose.
Ich möchte in den Ferien spielen, rennen, klettern und schlafen.

2 Artemis wünscht sich, mit ihren Freundinnen Marie, Sophie, Steffi und Tanja zusammen in die Ferien zu fahren.
José möchte mit seinen Freunden Akim, Jakob, Lukas und Paolo zusammen in einer Mannschaft spielen.

3 *Diese Wörter könntest du eingetragen haben:*
Schulalltag
Heute stehen die Fächer *Sport, Musik, Deutsch, Englisch* und *Religion* auf meinem Stundenplan.
Manchmal ist der Unterricht *interessant, spannend* oder *lustig*.
In den Pausen *rennen, sitzen, essen* und *trinken* wir auf dem Schulhof.
Vor einer Klassenarbeit sind manche Schüler *nervös, ängstlich* oder *zappelig*.

Seite 57

5 Toll, dass du endlich da bist!
Liebe Gäste, das Essen ist fertig.
Halt, da kommt ein Auto!
Liebe Mutter, ich möchte mehr Taschengeld bekommen.
Aua, du hast mich verletzt!
Verehrte Besucher, hiermit eröffne ich die Ausstellung.

6 *Die fett gedruckte Anrede solltest du mit Blau markiert haben. Die markierten Kommas hast du sicherlich mit Rot markiert und die unterstrichenen Kommas mit Gelb.*
„Fiffi, komm hierher!", rief die Dame. „Aus, Pluto!", rief der Mann. „Fiffi ist noch sehr jung, Herr Maier", entschuldigte sich die Dame. „Pluto war am Anfang genauso, Frau Köhler", beruhigte er sie.

7 *So könntest du die Sätze ergänzt haben:*
„Liebe Eltern, ich freue mich, dass Sie heute Abend hier sind", begrüßte der Klassenlehrer die anwesenden Mütter und Väter.
„Aua, das Wasser ist zu heiß", schrie Lena ihre Schwester an, die ihr die Haare wusch.

Seite 58

8 Als wir uns endlich wiedersahen, war die Freude riesig groß.
Als ich den Schulhof betrat, klingelte es bereits.
Als er nach Hause kam, stand das Essen schon auf dem Tisch.

9 Wenn ich den Bus verpasse, komme ich zu spät zur Schule.
Weil er Fieber hat, muss er heute das Bett hüten.
Wenn ich Ferien habe, schlafe ich morgens länger.
Weil ich dich mag, möchte ich dich heute Nachmittag wiedersehen.

Seite 59 – Das kann ich!

1 Die Wörter einer **Aufzählung** *trennt* man durch *Kommas* voneinander. Ausnahme: Kein Komma vor **und** oder **oder**.
Beispielsatz: Ich spiele gern mit Sarah, Christin und Alex.

Anrede und **Ausruf** werden durch ein *Komma* vom folgenden *Satz* getrennt.
Beispielsatz: Maria, bitte hilf mir!

Beginnt ein Satz mit **als**, *folgt* häufig etwas später *ein Komma*. Das **Komma** steht **zwischen zwei** *Verben*.
Beispielsatz: Als ich klein war, wollte ich Pilot werden.

Beginnt ein Satz mit *weil* oder **wenn**, folgt häufig etwas später ein Komma. Das *Komma* steht *zwischen* **zwei Verben**.
Beispielsatz: Weil ich viel lese, mag ich dicke Bücher.

2 Der kleine Igel
Als ich Anfang März in unseren Garten schaute, entdeckte ich mitten auf dem Rasen einen kleinen Igel. Weil ich neugierig wurde, lief ich hinaus. Als ich in seine Nähe kam, rollte er sich blitzschnell ein. Nach einer Weile lief er munter weiter und begann, irgendetwas zu fressen. Ich lief zurück ins Haus und rief: „Mutti, hast du einen Apfel, eine Banane oder eine Kirsche für mich?" Ich dachte nämlich: „Wenn er Hunger hat, freut er sich über diese Nahrung!" Als ich wieder in den Garten kam, huschte der Igel gerade durch ein Loch im Zaun in den Nachbargarten. „Schade, nun ist er weg!", rief ich meiner Schwester zu, die auch in den Garten gekommen war.

Das kann ich! – Auswertung	
22–30 Punkte	Du hast schon viel gelernt. Weiter so!
13–21 Punkte	Du kannst es sicher noch besser. Übe weiter.
0–12 Punkte	Probiere es noch einmal. Arbeite vorher die Seiten 56 bis 58 noch einmal durch.

Seite 60

1 *Hier sind die Nomen markiert und im Plural zusätzlich eingekreist:*

Das Zwergkaninchen als Haustier
Für die neuen (Haustiere) braucht man einen geräumigen Käfig. Im Sommer freuen sich die (Kaninchen) über ein Freigehege im Garten. Man muss sie dort aber im Auge behalten: Der Fuchs, der Hund, die Katze und die großen (Vögel) sind die (Feinde) des Kaninchens und bedeuten Gefahr. Wenn es im Haus genug Platz gibt, verbringen die (Kaninchen) den Winter im beheizten Zimmer. Für den Aufenthalt auf dem Balkon sind wichtige (Tipps) zu beachten. Bereits im Frühjahr müssen sich die (Kaninchen) daran gewöhnen, draußen zu leben. Nur dann bekommen sie ein dickes Fell, das sie im Winter bei Eis und Schnee vor der Kälte schützt. Die (Kaninchen) sollten dann allerdings auf keinen Fall ins Haus geholt werden. Kommen sie anschließend in die kalte Winterluft, können (Erkältungen) die Folge sein. Bei (Anzeichen) für eine Krankheit sollte man mit den (Kaninchen) unbedingt sofort zum Tierarzt gehen!

2

der	das	die
der Käfig, der Sommer, der Garten, der Fuchs, der Hund, der Platz, der Winter, der Aufenthalt, der Balkon, der Schnee, der Fall, der Tierarzt, der Vogel, der Feind, der Liebling, der Tipp	das Zwergkaninchen, das Haustier, das Freigehege, das Auge, das Kaninchen, das Zimmer, das Haus, das Frühjahr, das Fell, das Eis, das Anzeichen	die Katze, die Gefahr, die Kälte, die Winterluft, die Folge, die Krankheit, die Erkältung

Seite 61

3 *Diese zusammengesetzten Nomen könntest du gebildet haben:*
das Tier + der Park = der Tierpark
der Liebling + das Tier = das Lieblingstier
der Käfig + das Tier = das Käfigtier
das Tier + der Käfig = der Tierkäfig
das Tier + der Freund = der Tierfreund
das Tier + das Buch = das Tierbuch
das Tier + das Heim = das Tierheim
das Tier + das Futter = das Tierfutter
das Tier + die Quälerei = die Tierquälerei

4 *Das sind die richtigen Singularformen:*
das Haustier, das Auge, das Kaninchen, der Hund, der Feind, die Katze, das Zimmer, die Erkältung, das Häuschen, der Tipp, die Krankheit, der Käfig

5 und **6**
Pluralendung -e: die Haustiere, die Hunde, die Feinde, die Lieblinge, die Käfige, die Felle, die Abende, die Tage, die Frühjahre, die Füchse, die Fälle, die Tierärzte
Pluralendung -(e)n: die Augen, die Katzen, die Menschen, die Erkältungen, die Krankheiten, die Ecken, die Zoohandlungen, die Gefahren, die Folgen
Pluralendung -er: die Bücher, die Häuser
Pluralendung -s: die Tipps
keine Pluralendung: die Kaninchen, die Zimmer, die Häuschen, die Anzeichen, die Sommer, die Winter, die Freigehege, die Vögel, die Mütter, die Gärten

Seite 62

1 Kaninchen werden ungefähr 35–40 cm *groß*. Ihre Ohren sind nicht sehr *lang*, nur etwa 6–8 cm. Sie sind 1–2 kg *schwer* und werden bis zu 8 Jahre *alt*. Kaninchen sind *zutraulich* und haben wenig Angst vor Menschen. Auch mit Artgenossen sind sie sehr *gesellig*.

2 Hasen werden mit 60–70 cm *größer als* Kaninchen und ihre Ohren (Löffel) sind *länger*. Sie sind mit ihren 5–7 kg deutlich *schwerer als* Kaninchen. Hasen werden auch *älter als* Kaninchen: bis zu 12 Jahre alt. Hasen sind scheu und einzelgängerisch – also nicht gesellig: Kaninchen sind viel *geselliger als* Hasen.

3 Mit nur 22–28 cm Körpergröße sind Zwergkaninchen *am kleinsten*. Auch ihre Ohren sind *am kürzesten*, sie sind nur 4–5 cm lang. Sie wiegen nur 250–450 g und sind damit *am leichtesten*.

4

Grundform	Komparativ	Superlativ
groß	größer als	am größten
lang	länger als	am längsten
kurz	kürzer als	am kürzesten
schwer	schwerer als	am schwersten
alt	älter als	am ältesten
zutraulich	zutraulicher als	am zutraulichsten
gesellig	geselliger als	am geselligsten
wenig	weniger als	am wenigsten
klein	kleiner als	am kleinsten

Seite 63

1 Er ruft *den* **Esel** (*Akkusativ*). *Der* **Esel** (*Nominativ*) hört nicht. *Das* **Pferd** (*Nominativ*) galoppiert. Er reitet *das* **Pferd** (*Akkusativ*). Sie streichelt *die* **Katze** (*Akkusativ*). *Die* **Katze** (*Nominativ*) genießt das.

2 Das Fell *des* **Esels** (*Genitiv*) ist grau. Er gibt *dem* **Esel** (*Dativ*) Futter. Sie gibt *der* **Katze** (*Dativ*) Katzenfutter. Der Schwanz *der* **Katze** (*Genitiv*) ist lang. Der Schweif *des* **Pferdes** (*Genitiv*) ist schwarz. Er gibt *dem* **Pferd** (*Dativ*) einen Apfel.

zu Seite 63

3 *Siehe Lösung zu Aufgabe 6 a von Seite 64.*

Seite 64

4 Ich hätte gerne einen Esel, ein Pferd oder eine Katze (Akkusativ). Einem Esel, einer Katze oder einem Pferd (Dativ) würde ich Futter geben. Eine Katze, ein Esel oder ein Pferd (Nominativ) muss Auslauf haben. Denn der Körper eines Esels, einer Katze oder eines Pferdes (Genitiv) braucht viel Bewegung.

5 *Siehe Lösung zu Aufgabe 6 a.*

6 a. *So solltest du in den Tabellen zu den Aufgaben 3 und 5 die Endungen markiert haben:*

	Bestimmter/Unbestimmter Artikel und Nomen		
Nominativ	der/ein Esel	das/ein Pferd	die/eine Katze
Genitiv	des/eines Esels	des/eines Pferdes	der/einer Katze
Dativ	dem/einem Esel	dem/einem Pferd	der/einer Katze
Akkusativ	den/einen Esel	das/ein Pferd	die/eine Katze

b. Männliche und sächliche Nomen im Singular mit den Endungen *-es* und *-s* stehen im Genitiv und haben davor oft den Artikel **des** oder *eines*.

7 *So solltest du die Wortgruppen markiert haben. Die Farbe der Markierung steht in den Klammern.*
Er ruft den störrischen Esel (blau). Der störrische Esel (gelb) hört nicht. Er gibt dem störrischen Esel (grün) Futter. Das Fell des störrischen Esels (rot) ist grau. Er reitet das kräftige Pferd (blau). Das kräftige Pferd (gelb) galoppiert. Der Schweif des kräftigen Pferdes (rot) ist schwarz. Er gibt dem kräftigen Pferd (grün) einen Apfel. Sie streichelt die niedliche Katze (blau). Die niedliche Katze (gelb) genießt. Sie gibt der niedlichen Katze (grün) Katzenfutter. Der Schwanz der niedlichen Katze (rot) ist lang.

8 *So solltest du die Tabelle ausgefüllt haben:*

Bestimmter Artikel, Adjektiv und Nomen		
der störrische Esel	das kräftige Pferd	die niedliche Katze
des störrischen Esels	des kräftigen Pferdes	der niedlichen Katze
dem störrischen Esel	dem kräftigen Pferd	der niedlichen Katze
den störrischen Esel	das kräftige Pferd	die niedliche Katze

Seite 65

9 *So solltest du die Wortgruppen markiert haben. Die Farbe der Markierung steht in den Klammern.*
Ich hätte gerne einen störrischen Esel (blau), ein kräftiges Pferd (blau) oder eine niedliche Katze (blau). Einem störrischen Esel (grün), einer niedlichen Katze (grün) oder einem kräftigen Pferd (grün) würde ich Futter geben. Eine niedliche Katze (gelb), ein störrischer Esel (gelb) und ein kräftiges Pferd (gelb) müssen Auslauf haben. Denn der Körper eines störrischen Esels (rot), einer niedlichen Katze (rot) oder eines kräftigen Pferdes (rot) braucht viel Bewegung.

10 *So solltest du die Tabelle ausgefüllt haben und die Unterschiede der Adjektivendungen im Vergleich zu der Tabelle aus Aufgabe 8 gekennzeichnet haben:*

Unbestimmter Artikel, Adjektiv und Nomen		
ein störrisch**er** Esel	ein kräftig**es** Pferd	eine niedliche Katze
eines störrischen Esels	eines kräftigen Pferdes	einer niedlichen Katze
einem störrischen Esel	einem kräftigen Pferd	einer niedlichen Katze
einen störrischen Esel	ein kräftig**es** Pferd	eine niedliche Katze

12 *So solltest du die Wortgruppen markiert haben. Die Farbe der Markierung steht in den Klammern.*
Die braven Esel (gelb) trafen auf die struppigen Katzen (blau), die gerade arme Mäuse jagten. Die Mäuse versteckten sich bei den braven Eseln (grün) und bei den weißen Pferden (grün). Die weißen Pferde (gelb) fraßen verschiedene Gräser auf den weiten Wiesen. Die stacheligen Disteln sind nur für die braven Esel (blau) ein Leckerbissen. Und die leckeren Mäuse gehören eigentlich den struppigen Katzen (grün). Die struppigen Katzen (gelb) bräuchten ein paar Tipps, wie sie zwischen den Hufen der braven Esel (rot) und der weißen Pferde (rot) an ihre Beute kommen. Immerhin sind Mäuse das Lieblingsessen der struppigen Katzen (rot)! Aber die weißen Pferde (blau) interessiert das nicht besonders und sie lassen sich ungern stören.

13 *So solltest du die Wortgruppen aus Aufgabe 12 geordnet und markiert haben:*

Bestimmter Artikel, Adjektiv und Nomen im Plural		
die braven Esel	die weißen Pferde	die struppigen Katzen
der braven Esel	der weißen Pferde	der struppigen Katzen
den braven Eseln	den weißen Pferden	den struppigen Katzen
die braven Esel	die weißen Pferde	die struppigen Katzen

Seite 66

1 **Die Bremer Stadtmusikanten – Teil 1**
Ein alter Esel (Nominativ), der von **seinem Müller** (Dativ) nicht mehr zur Arbeit gebraucht werden konnte, kam auf **die Idee** (Akkusativ), nach Bremen zu gehen und dort **lustige Musik** (Akkusativ) zu machen. Unterwegs traf er **einen Hund** (Akkusativ), der sein Schicksal teilte. Zu zweit machten sie sich auf **den Weg** (Akkusativ). Bald darauf gesellt sich **eine Katze** (Nominativ), die **keine Mäuse** (Akkusativ) mehr fangen konnte, zu ihnen. Die Tiere kamen an **einem Hof** (Dativ) vorbei, auf dem **ein Hahn** (Nominativ) krähte, denn er

sollte am Abend im Suppentopf landen. Er schloss sich den dreien an und sie gingen zusammen weiter, bis sie bei Anbruch **der Dunkelheit** (*Genitiv*) an **einen Wald** (*Akkusativ*) kamen, wo sie übernachten wollten.

2 Da sahen *die vier Bremer Stadtmusikanten* (**Nominativ**) in der Ferne ein Licht. Sie folgten *dem Licht* (**Dativ**), bis sie vor einem Haus standen. Der Esel schaute durch das erleuchtete Fenster und erblickte *einen gedeckten Tisch* (**Akkusativ**), an dem *Räuber* (**Nominativ**) speisten. Das Wasser lief *den vier Bremer Stadtmusikanten* (**Dativ**) im Mund zusammen. Sie beschlossen, *die Räuber* (**Akkusativ**) zu vertreiben. ...

Seite 67 – Das kann ich

1 **Nominativ:** *Wer?* oder *Was?*, **Genitiv:** *Wessen?*, **Dativ:** *Wem?*, **Akkusativ:** *Wen?* oder *Was?*

2 **Die Bremer Stadtmusikanten – Teil 2**
... Der Esel stellte sich mit **den Vorderfüßen** (**Dativ**) an das Fensterbrett, der Hund sprang *dem Esel* (**Dativ**) auf den Rücken, die Katze kletterte auf *den Hund* (**Akkusativ**) und der Hahn setzte sich *der Katze* (**Dativ**) auf *den Kopf* (**Akkusativ**).

3 Nun fingen alle an, **ihre Musik** (*Akkusativ*) zu machen, und stürzten durch **das Fenster** (*Akkusativ*) in **die Stube** (*Akkusativ*). Die Räuber flohen vor Angst in **den Wald** (*Akkusativ*). **Die vier Bremer Stadtmusikanten** (**Nominativ**) aber aßen und tranken nach Herzenslust. Um Mitternacht kam **ein Räuber** (*Nominativ*) zurück. Als er **ein Licht** (*Akkusativ*) anzünden wollte, sprang ihn die Katze an, biss ihm der Hund ins Bein, gab ihm der Esel **einen Tritt** (*Akkusativ*) und schrie der Hahn. Von da an trauten sich die Räuber nie wieder in ihr Haus. Die vier Bremer Stadtmusikanten lebten glücklich und zufrieden bis an ihr Lebensende.

Das kann ich! – Auswertung	
19–25 Punkte	Du hast schon viel gelernt. Weiter so!
12–18 Punkte	Du kannst es sicher noch besser. Übe weiter.
0–11 Punkte	Probiere es noch einmal. Arbeite vorher die Seiten 60 bis 66 noch einmal durch.

Seite 68

1 a. Mike: Hallo, Michelle, hier spricht Mike.
Michelle: Ach, du bist es. Wie geht es dir?
Mike: Prima! Was machst du gerade?
Michelle: Ich mache Hausaufgaben. Warum?
Mike: Ich packe gerade meine Schwimmsachen. Tanja und Sven warten schon. Hast du auch Zeit?
Michelle: Nein, ich schreibe gerade den Aufsatz für Deutsch. Schade! Ich wünsche euch aber viel Spaß!

b. ich spreche, du sprichst, er/sie/es spricht, wir sprechen, ihr sprecht, sie sprechen
ich bin, du bist, er/sie/es ist, wir sind, ihr seid, sie sind
ich gehe, du gehst, er/sie/es geht, wir gehen, ihr geht, sie gehen
ich mache, du machst, er/sie/es macht, wir machen, ihr macht, sie machen
ich packe, du packst, er/sie/es packt, wir packen, ihr packt, sie packen
ich warte, du wartest, er/sie/es wartet, wir warten, ihr wartet, sie warten
ich habe, du hast, er/sie/es hat, wir haben, ihr habt, sie haben
ich schreibe, du schreibst, er/sie/es schreibt, wir schreiben, ihr schreibt, sie schreiben
ich wünsche, du wünschst, er/sie/es wünscht, wir wünschen, ihr wünscht, sie wünschen

2 **Mittwoch – dritter Tag der Klassenfahrt**
Unsere Klassenfahrt ist wirklich super. Heute *besuchten* wir nach dem Frühstück das Naturkunde-Museum. Ein Mitarbeiter *zeigte* uns viele interessante Dinge und *erklärte* uns, welche Pflanzen und Tiere an und in der Nordsee leben. Gunnar *fragte* ihn, ob es in der Nordsee auch Krokodile gebe. Da *lachte* die ganze Klasse! Das Museum war toll! Alle (und besonders Gunnar!) *lernten* viel über die Natur an der Nordsee. Nach dem Museumsbesuch *machten* wir einen Spaziergang am Strand und *suchten* Muscheln.

Seite 69

3 **Die Klassenarbeit**
Gestern *schrieb* die Klasse 6 b eine Klassenarbeit.
Dabei *sah* Uwe heimlich auf das Heft seines Nachbarn.
Leise *verriet* der ihm die Lösung der Aufgabe.
Plötzlich *bat* der Mathelehrer laut um Ruhe.
Da *schwiegen* die beiden natürlich sofort.

4 *So solltest du die Endungen im Präteritum markiert haben:*
ich fragte, du fragtest, er/sie/es fragte, wir fragten, ihr fragtet, sie fragten
ich antwortete, du antwortetest, er/sie/es antwortete, wir antworteten, ihr antwortetet, sie antworteten
ich schrieb, du schriebst, er/sie/es schrieb, wir schrieben, ihr schriebt, sie schrieben
ich gab, du gabst, er/sie/es gab, wir gaben, ihr gabt, sie gaben

5 ich kaufte, du kauftest, er/sie/es kaufte, wir kauften, ihr kauftet, sie kauften
ich lernte, du lerntest, er/sie/es lernte, wir lernten, ihr lerntet, sie lernten
ich machte, du machtest, er/sie/es machte, wir machten, ihr machtet, sie machten
ich kam, du kamst, er/sie/es kam, wir kamen, ihr kamt, sie kamen
ich trank, du trankst, er/sie/es trank, wir tranken, ihr trankt, sie tranken
ich rief, du riefst, er/sie/es rief, wir riefen, ihr rieft, sie riefen

zu Seite 69

6 So sollte deine Tabelle aussehen:

Infinitiv	3. Person Singular Präteritum	schwaches Verb	starkes Verb
lesen	er las		×
rechnen	er rechnete	×	
riechen	er roch		×
tanzen	er tanzte	×	
schreiben	er schrieb		×
sprechen	er sprach		×
rutschen	er rutschte	×	
fragen	er fragte	×	
schneiden	er schnitt		×
essen	er aß		×

Seite 70

1 „Ich *habe* mich schrecklich *erkältet*." „Du Arme! *Hast* du dich bei jemandem *angesteckt*?" „Ja, wahrscheinlich. In meiner Klasse *haben* gestern viele *gefehlt*. Ich *bin* heute gleich zum Arzt *gegangen*." „Was *hat* der Arzt denn *gesagt*?" „Er *hat* mir Medizin und drei Tage Bettruhe *verordnet*."

2 Sarah erzählt: „Das Klassenfest war super. Wir haben viele Spiele *gespielt*. Sogar die Lehrer sind *gekommen* und haben *mitgemacht*. Danach haben wir Kuchen *gegessen* und Cola *getrunken*. Später hat eine Schülerband Musik *gemacht* und der Rest hat dazu *getanzt*. Danach sind einige noch ins Freibad *gegangen*. Leider ist Boris *hingefallen* und hat sich am Knie *verletzt*."

Seite 71

3 Derya erzählt: „Gestern *haben* wir ein Klassenfest *veranstaltet*. Ich *habe* einen Kuchen *gebacken*, Kevin *hat* die Getränke *besorgt*. Sogar die Lehrer *haben* *geholfen*. *Habt* ihr in diesem Schuljahr noch nichts *unternommen*? Warum *hast* du keinen Vorschlag *gemacht*?"

4 Boris erzählt: „Nach dem Klassenfest *sind* wir noch ins Freibad *gegangen*. Ich *bin* auf den nassen Steinen *ausgerutscht* und *gefallen*. Kevin und Jonas *sind* ganz schnell *gekommen*, um mir zu helfen. Auch der Bademeister *ist* zu mir *gelaufen*. Später *bin* ich nach Hause *gehumpelt*."

5 So solltest du Perfektformen mit **haben** oder **sein** markiert haben.
Die Farbe der Markierung steht in den Klammern.
„Heute *ist* (blau) in der Schule eigentlich nichts Besonderes *passiert* (blau). In Deutsch *hat* (rot) Frau Werner uns etwas über unsere Klassenfahrt nach Berlin *erzählt* (rot). Dann *sind* (blau) wir in die Pause *gegangen* (blau) und *haben* (rot) uns darüber *unterhalten* (rot). Nach der Schule *bin* (blau) ich zu Uwe *gelaufen* (blau) und *habe* (rot) mit ihm ein bisschen Tischtennis *gespielt* (rot). Später *haben* (rot) wir noch zwei Stunden für die Mathearbeit *gelernt* (rot). Auf dem Heimweg *habe* (rot) ich Bettina *getroffen* (rot) und wir *haben* (rot) zusammen ein Eis *gegessen* (rot). Als ich auf die Uhr *geguckt* (rot) *habe* (rot), *bin* (blau) ich schnell nach Hause *gerannt* (blau)."

Seite 72

1 So solltest du die Futurformen markiert haben:
Die Lehrerin erzählt den Eltern von der geplanten Klassenfahrt: „Nächste Woche *werde* ich mit der Klasse nach Amrum *fahren*. Wir *werden* zehn Tage lang auf dieser schönen Nordseeinsel *sein*. Ein Bus *wird* uns am Montag von der Schule *abholen*. Er *wird* uns zum Fährhafen Niebüll *fahren*. Die Schüler *werden* die Fahrt mit der Fähre bestimmt *genießen*! Nach zwei Stunden *werden* wir wieder an Land *gehen*. In der Jugendherberge *werden* alle zuerst ihre Betten *beziehen* und etwas Freizeit *haben*. Dann *wird* es auch schon Abendbrot *geben*. Danach *werden* wir noch gemeinsam zum Strand *laufen*."

2 ich *werde* lernen, du *wirst* gehen, er/sie/es *wird* laufen, wir *werden* siegen, ihr *werdet* sein, sie *werden* haben

3 Kevin und Philip träumen von nächtlichen Abenteuern: „Wir *werden* nachts zu den Mädchen ins Zimmer *schleichen*. Dann *werden* wir uns Lampen unters Kinn *halten*." „Die *werden* große Angst *bekommen*! *Wirst* du deine Draculamaske *mitnehmen*?" „Die *wird* wohl nicht auch noch in meinen Koffer *passen*." „Dann *werden* wir uns eben mit Bettlaken als Gespenster *verkleiden*." „Melanie *wird* bestimmt am lautesten *kreischen*."

Seite 73 – Das kann ich

1 Aus der Schülerzeitung: Viele Gäste *besuchten* das Klassenfest der Klasse 6 b. Das Programm war toll: Die Klasse *spielte* Theater und eine Schülerband *machte* Musik. Der Rest *tanzte* dazu.

2 Nach den Aufführungen *aßen* alle Kuchen und *tranken* Cola oder Saft. Gegen Abend *gingen* dann alle fröhlich nach Hause.

3 Kerstin erzählt: „Am besten *haben* den Eltern die Aufführungen gefallen. Uli und Svenja *haben* sogar ein Gedicht vorgetragen. Aber mittendrin *hat* Herr Gras, unser Biologielehrer, plötzlich laut gegähnt."

4 „Aber er *ist* doch nicht etwa eingeschlafen, oder?" – „Doch, aber nur kurz. Uli und Svenja *sind* zu ihm gegangen, um ihn zu wecken. Da *ist* er natürlich sofort aufgewacht! Es war ihm ziemlich peinlich ..."

5 „Aber niemand war ihm böse – alle *haben* nur *gelacht*. Später *ist* Herr Gras dann sogar selbst auf die Bühne *gekommen* und *hat* ein Lied *gesungen*."

6 Die Lehrerin überlegt: „Ich hoffe, Kevin, Jorma und Philip *werden* sich während der Reise ordentlich *verhalten*! Die Schifffahrt *wird* allen *gefallen*. Während der Fahrt *werden* wir an Deck in der Sonne *sitzen*. Die Schüler *werden* ihre Brote *essen*. Vielleicht *werden* manche auch die Möwen *füttern*. Hoffentlich *wird* niemand über Bord *fallen*!"

Das kann ich! – Auswertung	
22–28 Punkte	Du hast schon viel gelernt. Weiter so!
14–21 Punkte	Du kannst es sicher noch besser. Übe weiter.
0–13 Punkte	Probiere es noch einmal. Arbeite vorher die Seiten 68 bis 72 noch einmal durch.

Seite 74

1 c. anmelden, hinfahren, vorzeigen, hereinrufen

2 *Diese Sätze könntest du aufgeschrieben haben:*
Marie ruft nach ihrer Mutter.
Ihre Mutter ruft Dr. Heilmann an.
Die Arzthelferin ruft Marie auf.

3 Dr. Heilmann *sieht* Marie genau *an* und *fragt* sie über ihre Beschwerden *aus*. Dann *schreibt* er ihr ein Medikament *auf*. Zuletzt sagt er: „Marie, bitte *komm* in einer Woche wieder."

Seite 75

4 a. losgehen, vorgehen, hingehen, mitgehen, untergehen, weitergehen, weggehen, ausgehen, zurückgehen

5 a. Gunnar *erzählte* eine lustige Geschichte.
Die Pflanze *entwickelte* sich am Fenster gut.
Lena *wickelte* hastig ein Bonbon *aus*. Dabei *zerriss* sie das Papier.
Jakob *wickelte* Klebeband von der Rolle *ab* und *riss* ein Stück *ab*. Dabei *verwickelte* sich das Klebeband und war nicht mehr zu gebrauchen.
Lisa *verzählte* sich bei einer Aufgabe, aber sie *bestand* den Test trotzdem.

b. *Folgende Verben solltest du markiert haben. Sie sind nicht trennbar:*
entwickeln, bestehen, erzählen, zerreißen, verzählen, verwickeln

Seite 75 – Das kann ich

1 a. *Diese Verbformen solltest du markiert haben:*
kehrt zurück, kommt an, bereitet zu, stellt zurück, ruft zu, bereitet vor, fahre los

b. zurückkehren, ankommen, zubereiten, zurückstellen, zurufen, vorbereiten, losfahren

2 Boris hat sich am Knie verletzt und muss zum Arzt. Seine Mutter *fährt* ihn mit dem Auto *hin*. Boris *meldet* sich am Empfang *an*. Etwas später *ruft* ihn die Arzthelferin *hinein*. Der Arzt *sieht* sich sein Knie genau *an*. Dann *schreibt* er ihm eine Salbe *auf*. Natürlich *holt* ihn seine Mutter wieder *ab*.

Das kann ich! – Auswertung	
15–20 Punkte	Du hast schon viel gelernt. Weiter so!
9–14 Punkte	Du kannst es sicher noch besser. Übe weiter.
0–8 Punkte	Probiere es noch einmal. Arbeite vorher die Seiten 74 und 75 noch einmal durch.

Seite 76

1 a. + b.
Folgende Personalpronomen solltest du im Brief markiert und im Plural eingekreist haben:
ich, du, ich, er, es, sie, (sie), (wir), (ihr), (wir), sie, ich, du

c.
Personalpronomen im Singular	Personalpronomen im Plural
ich, du, er, sie, es	wir, ihr, sie

2 Wem hat Andreas die Kettenschaltung gezeigt?
uns (Dativ)
Wem leiht Andreas sein Fahrrad? mir (Dativ)

Seite 77

3 Wen oder was hat der Zweiradmechaniker genau eingestellt? sie (Akkusativ)
Wen kann Andreas jederzeit anrufen? ihn (Akkusativ)

4
		Nominativ	Dativ	Akkusativ
Singular	1. Person	ich	mir	mich
	2. Person	du	dir	dich
	3. Person	er/sie/es	ihm/ihr/ihm	ihn/sie/es
Plural	1. Person	wir	uns	uns
	2. Person	ihr	euch	euch
	3. Person	sie	ihnen	sie

5 *So solltest du Personalpronomen markiert haben. Die Farbe der Markierung steht in den Klammern.*
Sie (gelb) fährt lieber Skateboard. *Nominativ*
Andreas liebt es (blau). *Akkusativ*
Hör mir (grün) bitte zu! *Dativ*

Seite 77 – Das kann ich

1 Personalpronomen kann man für *Personen*, *Lebewesen* und *Dinge* einsetzen.

2 *So solltest du die Personalpronomen im Singular markiert und im Plural eingekreist haben:*
Ich gab ihm die Nummer von ihr. Sie fand es gut, dass er sie anrief. (Wir) freuten (uns), dass (sie) in Kontakt kamen. Kennen (sie) (euch)?

3 Ich helfe dir. *Dativ*
Du lädst mich ein. *Akkusativ*

Das kann ich! – Auswertung	
13–17 Punkte	Du hast schon viel gelernt. Weiter so!
8–12 Punkte	Du kannst es sicher noch besser. Übe weiter.
0–7 Punkte	Probiere es noch einmal. Arbeite vorher die Seiten 76 und 77 noch einmal durch.

Seite 78

1 Wo ist *meine* Schere?
Mein Lineal ist zu kurz.
Lisa, ist das *dein* Bleistift?
Unser Plakat ist kaputt.

zu Seite 78

2 *Diese Sätze könntest du zum Beispiel aufgeschrieben haben:*
Wo ist dein Etui? Wo ist mein Bleistift? Wo ist euer Plakat? Wo ist deine Schultasche?
Wo sind unsere Plakate? Wo sind deine Bleistifte? Wo sind ihre Lehrerinnen?
Ist das deine Schultasche? Ist das ihr Bleistift? Ist das sein Füller? Ist das eure Lehrerin?
Sind das meine Lehrerinnen? Sind das eure Plakate? Sind das unsere Schultaschen?

3 Diese Idee hatte sie. Das ist *ihre* Idee.
Der Füller gehört dir. Es ist *dein* Füller.
Der Brief ist für uns. Das ist *unser* Brief.
Das Rad gehört ihm. Es ist *sein* Rad.
Das Geschenk ist für euch. Das ist *euer* Geschenk.

Seite 79

4 Dann helfe ich meinem Großvater im Garten. *meinem*
Manchmal gehen wir auch mit meiner Großmutter spazieren. *meiner*

5 In unserem letzten Urlaub waren wir an der Nordsee. Ich wollte meine neue Luftmatratze testen und lief damit ins Wasser. Mein Vater rief noch: „Paddel nicht so weit raus, das Ding ist kein Boot – und du kannst nicht schwimmen!" Leider hörte ich seine Worte zu spät. Eine hohe Welle warf mich von meiner Matratze ins Wasser. Gut, dass ich aus Spaß die Schwimmflügel meiner kleinen Schwester angelegt hatte und ihren Schwimmring ebenfalls.

Seite 79 – Das kann ich

1 **Possessivpronomen** zeigen an, *wem etwas gehört*.
Sie können im **Singular** oder im **Plural** stehen.

2 Franzi fragt Nick: „Was ist *dein* Lieblingsessen?"
Nick antwortet: „*Mein* Lieblingsessen ist Pizza."
Claudia isst gern Spaghetti. Das ist *ihr* Lieblingsessen.
Mark isst lieber Fisch. Das ist *sein* Lieblingsessen.

3 Olga ist mit ihren Eltern und ihrem Bruder in eine neue Stadt gezogen. Ihr Vater hatte seinen Job gewechselt. Olga war traurig, weil sie ihre Freundinnen nicht verlieren wollte. Aber in ihrer neuen Klasse fühlte sie sich sofort wohl. Allerdings ist ihre Klassenlehrerin etwas streng. Sie fragt jeden Tag: „Olga, hast du deine Hausaufgaben gemacht?" Ihr Bruder ist sehr unzufrieden. Er vermisst seine alten Freunde.

Das kann ich! – Auswertung	
13–17 Punkte	Du hast schon viel gelernt. Weiter so!
8–12 Punkte	Du kannst es sicher noch besser. Übe weiter.
0–7 Punkte	Probiere es noch einmal. Arbeite vorher die Seiten 78 und 79 noch einmal durch.

Seite 80

1 Aussagesatz: Jeden Ball | hielt | der neue Torwart.
Fragesatz: Hielt | der neue Torwart | jeden Ball?

Aussagesatz: Zwei Mitarbeiter | betreuen | den Jugendtreff.
Aussagesatz: Den Jugendtreff | betreuen | zwei Mitarbeiter.
Fragesatz: Betreuen / zwei Mitarbeiter | den Jugendtreff?

Aussagesatz: Herr Töpfer | plant | ein spannendes Kickerturnier.
Aussagesatz: Ein spannendes Kickerturnier | plant | Herr Töpfer.
Fragesatz: Plant | Herr Töpfer | ein spannendes Kickerturnier?

Aussagesatz: Frau Wiesinger | backt | leckere Waffeln.
Aussagesatz: Leckere Waffeln | backt | Frau Wiesinger.
Fragesatz: Backt | Frau Wiesinger | leckere Waffeln?

2 *Pro Satz solltest du 3–4 Umstellungen aufgeschrieben haben.*
Wie im ersten Beispiel sollte jeweils eine Frage dabei sein:
Pia | schreibt | ihrer Freundin | einen Brief.
Ihrer Freundin | schreibt | Pia | einen Brief.
Einen Brief | schreibt | Pia | ihrer Freundin.
Schreibt | Pia | ihrer Freundin | einen Brief?

Frauke | schenkt | ihrem Trainer | einen Fotokalender. …

Klaus | zeigt | den Eltern | sein Zeugnis. …

Hans | gibt | allen seinen Freunden | die neue Telefonnummer. …

Seite 81

3 b. + c.
Jeden Mittwoch gehe ich in den Jugendtreff. Dort treffe ich meine Freunde. Mit meinen Freunden spiele ich Tischtennis. Oft kickern wir auch. Über die Schule sprechen wir nur selten. Von Frau Wiesinger bekommen wir manchmal Waffeln. Im Winter fahren wir oft in die Eissporthalle. Dort laufen wir Schlittschuh.

1 Julia und Pia fahren morgens zusammen mit dem Bus zur Schule. Sie warten an der Bushaltestelle. Zum Glück kommt der Schulbus meistens pünktlich. Die Freundinnen sitzen oft in der letzten Reihe. Dort treffen die Mädchen ihre Mitschüler. Die Busfahrt dauert 15 Minuten. Während der Fahrt üben viele Kinder Vokabeln. Aber heute schreiben die sechsten Klassen keinen Test.

2 Tanja kauft Brötchen.
Morgen schreibt die Klasse einen Test.
Wohin rennt Artur?
Die Lehrerin gibt jedem Kind ein Bonbon.
Svenja liest ein Buch.

Seite 82

3 Den kaputten Globus zeigt Herr Klasing dem Hausmeister.
Akkusativobjekt: *Was zeigt Herr Klasing dem Hausmeister? den kaputten Globus*
Dativobjekt: *Wem zeigt Herr Klasing den kaputten Globus? dem Hausmeister*

Ute leiht ihrem Bruder einen Füller.
Akkusativobjekt: *Was leiht Ute ihrem Bruder? einen Füller*
Dativobjekt: *Wem leiht Ute einen Füller? ihrem Bruder*

Pia schreibt der Klasse 6a eine Ansichtskarte.
Akkusativobjekt: *Was schreibt Pia der Klasse 6a? eine Ansichtskarte*
Dativobjekt: *Wem schreibt Pia eine Ansichtskarte? der Klasse 6a*

4 Der Schüler | beantwortet | der Lehrerin | eine Frage.
Die Kellnerin | bringt | den Gästen | das Mittagessen.
Der Autohändler | verkauft | dem Autokäufer | einen Sportwagen.

Seite 83

1 in der Pause – *Wann?* (adverbiale Bestimmung der Zeit)
aus verschiedenen Orten – *Woher?* (adverbiale Bestimmung des Ortes)
bis zum Klingeln – *Bis wann?* (adverbiale Bestimmung der Zeit)
zum Bus – *Wohin?* (adverbiale Bestimmung des Ortes)
90 Minuten – *Wie lange?* (adverbiale Bestimmung der Zeit)
seit dem letzten Schuljahr – *Seit wann?* (adverbiale Bestimmung der Zeit)
an der Bushaltestelle – *Wo?* (adverbiale Bestimmung des Ortes)
in den Pausen – *Wann?* (adverbiale Bestimmung der Zeit)
auf dem Schulhof – *Wo?* (adverbiale Bestimmung des Ortes)

Seite 84

2 *Seit vier Wochen* bereiten sich alle Klassen darauf vor.
Eine Gruppe gestaltet Plakate *im Kunstraum*.
Der Auftritt der Musik-AG soll *45 Minuten* dauern.
Die mitgebrachten Kuchen werden *in die Küche* gestellt.
Einige Schüler holen Tische und Stühle für die Gäste *aus dem Lager*.
Bis Freitag muss alles fertig sein.

3 Wo? *im Klassenraum*, Wie lange? *90 Minuten*, Woher? *aus Hamburg*, Seit wann? *seit zwei Wochen*, Wohin? *in die Schule*, Bis wann? *bis Montag*

5 So solltest du die adverbialen Bestimmungen erfragt haben:
Seit wann gibt es im Schülerkiosk belegte Brötchen? – Seit letzter Woche.
Wo gibt es seit letzter Woche belegte Brötchen? – Im Schülerkiosk.
Wann fahren wir nach Paderborn? – Am Freitag.
Wohin fahren wir am Freitag? – Nach Paderborn.
Bis wann dürfen wir nicht in die Turnhalle gehen? – Bis Montag.
Wohin dürfen wir bis Montag nicht gehen? – In die Turnhalle.

Seite 85 – Das kann ich

1 Aussagesatz: Starke Zahnschmerzen hatte Olga.
Fragesatz: Hatte Olga starke Zahnschmerzen?

2 In der Pause spielen Frank und Thomas Tischtennis.
Das spannende Buch liegt auf dem Tisch.
Heute kaufe ich mir ein Eis.

3 Peter und Dirk (fahren) mit dem Rad an den See.
Ich (kaufe) mir ein neues Buch.
Die Katze (liegt) in der Sonne.

4 Der Bote brachte den Schülern einen Brief.
Dem Deutschlehrer zeigt Kai die Hausaufgaben.
Andreas schickt seinem Opa eine Ansichtskarte.

5 b.
Adverbiale Bestimmungen der Zeit: Wann? *in der ersten Stunde*, Seit wann? *seit vielen Jahren*, Wie lange? *90 Minuten*, Bis wann? *bis zur Klassenfahrt*
Adverbiale Bestimmungen des Ortes: Woher? *aus Paderborn*, Wohin? *zur Bushaltestelle*, Wo? *am Bus*

Das kann ich! – Auswertung	
22–28 Punkte	Du hast schon viel gelernt. Weiter so!
14–21 Punkte	Du kannst es sicher noch besser. Übe weiter.
0–13 Punkte	Probiere es noch einmal. Arbeite vorher die Seiten 80 bis 84 noch einmal durch.

Der Kompetenztest

Seite 87 – Texte lesen und verstehen

2 *Diese Überschriften könntest du aufgeschrieben haben:*
2. Der Winterschlaf (Zeilen 10-19)
3. Die Winterruhe (Zeilen 20-27)
4. Die Winterstarre (Zeilen 28-35)
5. Das Erwachen (Zeilen 36-37)

Diese Antworten sind richtig:

4 d) Der Herzschlag verlangsamt sich.

5 b) Eichhörnchen wachen häufiger auf und suchen nach Nahrung.

6 a) Insekten haben eine Art Frostschutzmittel im Körper.

7 b) … wenn sie geweckt werden.

8 b) Es ist warm und es gibt genug Futter.

9 c) … über Herzschläge und Atemzüge pro Minute bei Igel und Murmeltier.

Seite 88

10 a) Werden Winterschläfer oft gestört, kann das für sie tödlich sein, weil *das zu viel Energie kostet.*
b) Frösche wachen aus der Winterstarre erst wieder auf, wenn *die Temperaturen steigen.*

11 Vergleich der verschiedenen Überwinterungsformen von Tieren

Überwinterungsform	Körperveränderung	Nahrungsaufnahme	Beispieltiere
Winterschlaf	Körpertemperatur gesenkt, Herzschlag ganz langsam, kein Tiefschlaf, wachen auf	Tiere leben von ihren Fettdepots, sie fressen nichts	Igel, Fledermäuse, Siebenschläfer, Murmeltiere
Winterruhe	Körpertemperatur gesenkt, wachen häufiger auf	gelegentliche Futtersuche	Dachs, Eichhörnchen, Maulwurf, Waschbär, Braunbär
Winterstarre	Körper erstarrt	fressen nichts	Fische, Frösche, Eidechsen, Schildkröten, Insekten

Texte lesen und verstehen – Auswertung	
37–50 Punkte	Du hast schon viel gelernt. Weiter so!
23–36 Punkte	Du kannst es sicher noch besser. Übe weiter.
0–22 Punkte	Arbeite die Seiten 4 bis 11 noch einmal durch.

Seite 89 – Rechtschreiben

1 das *Gliedern*, das *Verlängern* und das *Ableiten*

2 Klas | sen | fahrt,   Be | spre | chungs | raum,
Ver | tre | tungs | stun | de

3 der Käfi*g* – viele Käfi*g*e zur Auswahl, also Käfi*g*
das Geträn*k* – es gibt kalte Geträn*k*e, also Geträn*k*
das Bil*d* – ich male viele Bil*d*er, also Bil*d*
bun*t* – ich mag bun*t*e Farben, also bun*t*

4 stren*g*, kran*k*, der Stif*t*, das Haarban*d*

5 a. Du kannst Wörter mit **ä** oder **äu** von verwandten Wörtern mit *a* oder *au* ableiten.
b. häufig, gebräuchlich, lästig, tatsächlich
d. ungefähr, der Lärm, die Säule

6 A Aus *Verben* können Nomen werden. Der Artikel **das** und die Wörter **zum** und **beim** machen's.
Beispiele: das Lesen, zum Schlafen, beim Lachen
B Aus *Adjektiven* und *Verben* können Nomen werden. Die Endungen **-ung**, **-keit** und **-heit** machen's.
Beispiele: die Freiheit, die Leistung, die Fertigkeit
C Aus *Adjektiven* können Nomen werden. Die Wörter **etwas**, **nichts** und **viel** machen's.
Beispiele: viel Gutes, nichts Altes, etwas Saures, nichts Grünes

Seite 90

7 Von der Überraschung, die unser Lehrer für uns hatte, hatten wir keine Ahnung. Am letzten Schultag überraschte er uns nämlich mit einem Frühstück im Klassenzimmer. Viel Gesundes stand auf dem Tisch. Es war für jeden etwas Leckeres dabei. Auch leckeres Obst stand zum Essen bereit. Es gibt nichts Schöneres als ein gesundes Frühstück!
Beim Frühstücken teilte uns Herr Meier eine große Neuigkeit mit. Wir warteten seit Wochen auf das Ergebnis eines Schülerwettbewerbs. Für den ersten Preis hat sich das Warten gelohnt. Das ist etwas Tolles. Danach teilte Herr Meier uns zum Abwaschen ein. Einige sammelten das Geschirr ein, andere spülten oder trockneten das Geschirr.
Während der fünften Stunde spielten wir auf dem Sportplatz Völkerball. Beim Spielen stellten wir fest, dass uns das Üben in den letzten Wochen viel Sicherheit beim Ausweichen gebracht hat. Jetzt müssen wir nur das Zuwerfen noch besser üben.

8 In den meisten Wörtern steht **kein h** nach einem **lang gesprochenen Vokal (a, e, o, u)** oder **Umlaut (ä, ö, ü)**.

9 c. ohne, schön, der Hafen, (sie) wohnten

Rechtschreiben – Auswertung	
40–55 Punkte	Du hast schon viel gelernt. Weiter so!
25–39 Punkte	Du kannst es sicher noch besser. Übe weiter.
0–24 Punkte	Arbeite die Seiten 36 bis 59 noch einmal durch.

Seite 90 – Grammatik

1 [Herr Klasing] (schenkt) [seiner Tochter] [ein neues Handy].
(Kauft) [Florian] [die Kekse] [für das Klassenfest]?
[Die Eltern] (wünschen) [der Lehrerin]
[eine erfolgreiche Klassenfahrt].

Seite 91

2 a. *Diese Wörter hast du bestimmt markiert:*
Am Montag fahren wir mit unserer Klasse
nach Hamburg.
Bis Sonntag hatte die Parallelklasse dort schlechtes
Wetter.
Seit Montag hoffen wir, dass wir in Hamburg
mehr Glück mit dem Wetter haben werden.

b. Wann? – am Montag, Wohin? – nach Hamburg,
Bis wann? – bis Sonntag, Wo? – dort, Seit wann? –
seit Montag, Wo? – in Hamburg

3 Beim Fußball *spielten* wir nur unentschieden.
Aber beim Völkerball *holten* wir den Sieg!
Wir *kämpften* wie die Löwen.

4 *Diese Perfektformen solltest du rot markiert haben:*
haben vorbereitet, haben gesammelt

Diese Perfektformen solltest du blau markiert haben:
sind gegangen, sind gefahren

5 *Diese Personalpronomen im Singular solltest du
gelb markiert haben:*
ich, dir (2 x), du, es (3 x), er, mir

*Diese Personalpronomen im Plural solltest du
blau markiert haben:*
wir, sie (wollten)

Diese Possessivpronomen solltest du rot markiert haben:
sein, dein, unsere, mein (2 x)

6 a. *Diese Wortgruppen im Nominativ solltest du gelb
markiert haben:*
der junge Hund, der Nachbar, die kleinen Kinder

*Diese Wortgruppen im Genitiv solltest du rot markiert
haben:*
des netten Nachbarn, des Nachbarn

*Diese Wortgruppen im Dativ solltest du grün markiert
haben:*
dem neuen Hund, dem Hund

*Diese Wortgruppen im Akkusativ solltest du blau
markiert haben:*
ein braunes Fell, eine lange Leine, leckeres Futter

Grammatik – Auswertung	
40–55 Punkte	Du hast schon viel gelernt. Weiter so!
25–39 Punkte	Du kannst es sicher noch besser. Übe weiter.
0–24 Punkte	Arbeite die Seiten 60 bis 85 noch einmal durch.

Seite 92 – Berichten

1 Wann passierte es? Wo passierte es? Was passierte?
Wer war beteiligt? Wie kam es dazu? Was war die Folge?
Was geschah der Reihe nach?

2 *Diese Sätze gehören nicht in den Bericht und das könnten
deine Begründungen sein:*
Das leckere Futter, das überwiegend aus verschiedenen
Getreidesorten besteht, verkauft der Zoo seit drei Jahren
für nur 80 Cent.
(Begründung: Der Preis und die Information, seit wann
der Zoo Futter verkauft, sind für das Ereignis unwichtig.)

Es ist wirklich toll, dass der seit 1989 bestehende Zoo
so aufmerksames Personal hat!
(Begründung: Ein Bericht sollte sachlich sein und auch
das Gründungsjahr des Zoos ist für den Unfall unwichtig.)

3 Wann passierte es? – Es passierte am 17. Mai 2010
gegen 12:30 Uhr.
Wo passierte es? – Im Streichelzoo des Neustädter Zoos.
Was passierte? – Waltraud Schulze stürzte wegen eines
Ziegenbocks im Streichelzoo.
Wer war beteiligt? – Am Unfall beteiligt war die
70-jährige Rentnerin Waltraud Schulze. Ihre Enkelkinder
Adrian (12 Jahre) und Sophia (9 Jahre), eine Tierpflegerin
und ein Sanitäter halfen ihr.
Wie kam es dazu? – Frau Schulze hatte Futter in der
Manteltasche, das einen hungrigen Ziegenbock anlockte.
Als er sie mit den Hörnern berührte, verlor sie das
Gleichgewicht und fiel.
Was war die Folge? – Frau Schulzes Fuß schmerzte so
stark, dass sie nicht aufstehen konnte.
Was geschah der Reihe nach? – Bevor Frau Schulze mit
ihren Enkelkindern in den Streichelzoo ging, steckte sie
das gekaufte Futter in die Tasche. Ein hungriger
Ziegenbock kam angerannt und durch die Berührung fiel
die ältere Dame zu Boden. Da ihr Fuß schmerzte, kam
sie nicht mehr auf die Beine. Sophia verscheuchte den
Ziegenbock mit Geschrei und Adrian holte schnell Hilfe.
Eine Tierpflegerin brachte den Ziegenbock in den Stall
und ein Sanitäter behandelte den Fuß, sodass die drei
weitergehen konnten.

Berichten – Auswertung	
15–20 Punkte	Du hast schon viel gelernt. Weiter so!
9–14 Punkte	Du kannst es sicher noch besser. Übe weiter.
0–8 Punkte	Arbeite die Seiten 18 bis 21 noch einmal durch.

Seite 93 – Texte überarbeiten, Stellung nehmen

1 *Diese Sätze gehören nicht in den Bericht:*
Neulich habe ich etwas Aufregendes erlebt!
Ich finde, dass Oma Waltraud echt tapfer ist!

2 *Diese Verben solltest du blau markiert haben:*
besuchte, kaufte, steckte, betraten, berührte, fiel, verjagte, holte, feststellte, witterte

Diese Präteritumformen musst du notiert haben:
verlor, besuchten

3 *Diese inhaltlichen Fehler solltest du rot markiert und diese Angaben aufgeschrieben haben:*
falsch: gegen 10:30 Uhr – richtig: 12:30 Uhr;
falsch: Schafbock – richtig: Ziegenbock

4 und **5**
Die verbesserten Sätze in der richtigen Reihenfolge:
Der Sturz im Streichelzoo
[1] Am 17. Mai 2010 besuchte ich mit meiner Schwester Sophia und meiner Oma Waltraud den Neustädter Zoo. [2] Gegen 12:30 Uhr kaufte Oma Waltraud eine Tüte Tierfutter und steckte sie in ihre Manteltasche. [3] Anschließend betraten wir den Streichelzoo. [4] Sofort witterte ein Ziegenbock das Futter in der Tasche meiner Oma. [5] Plötzlich berührte das Tier meine Großmutter mit den Hörnern. [6] Sie verlor das Gleichgewicht und fiel zu Boden. [7] Während meine Schwester den Ziegenbock verjagte, holte ich eine Tierpflegerin und einen Sanitäter, der eine leichte Prellung am Fuß meiner Oma feststellte. [8] Nach einer kurzen Behandlung des Fußes besuchten wir noch die Löwen.

6 **a.** *Die eingekreisten Behauptungen solltest du blau, die markierten Begründungen solltest du rot markiert haben:*
„(Ein Zoobesuch ist super.)" „(Ein Zoobesuch ist sinnvoll), weil man viel über das Verhalten von Tieren lernt."
„(Ein Zoobesuch dient der Klassengemeinschaft), weil wir gemeinsam etwas Tolles erleben."
„(Genaues über das Verhalten lernen wir im Zoo nicht), da sich dort die Tiere anders verhalten als in der Wildnis."
„(Ein Zoobesuch dient nicht der Klassengemeinschaft), weil wir nur in kleinen Gruppen herumgehen."
„(Ein Zoobesuch ist gut für den Kunstunterricht), da wir uns die Tiere genau ansehen können."

b. *So könnte dein Brief aussehen:*
Essen, den 25. Mai 2010
Sehr geehrter Herr Müller,
wir Schüler der Klasse 6 b möchten gerne einen Ausflug in den Zoo machen und Ihnen mit diesem Brief erklären, warum. Wir glauben, dass ein gemeinsames Erlebnis gut für unsere Klassengemeinschaft ist. Vor allem aber können wir im Zoo viel lernen. Wir wollen nämlich das Verhalten von Tieren beobachten. Auch für den Kunstunterricht wäre es toll, uns die Tiere einmal genau anzusehen.
Aus diesen Gründen hoffen wir, dass Sie unserem Antrag zustimmen werden.
Mit freundlichen Grüßen
Ihre Schüler der 6 b

Texte überarbeiten, Stellung nehmen – Auswertung	
40–55 Punkte	Du hast schon viel gelernt. Weiter so!
25–39 Punkte	Du kannst es sicher noch besser. Übe weiter.
0–24 Punkte	Arbeite die Seiten 22 bis 25 noch einmal durch und übe das Überarbeiten auf den Seiten 12 bis 33.

Der Kompetenztest – Gesamtauswertung	
172–235 Punkte	Du hast schon viel gelernt. Weiter so!
106–171 Punkte	Du kannst es sicher noch besser. Übe weiter.
0–105 Punkte	Probiere es noch einmal.